# 中国现代教育社团史

周谷城 题

# "中国现代教育社团史"丛书编委会

丛书主编：储朝晖

丛书编委会：（按姓氏笔画排序）

于书娟　马立武　王　玮　王文岭　王洪见
王聪颖　白　欣　刘小红　刘树勇　刘羡冰
刘嘉恒　孙邦华　苏东来　李永春　李英杰
李高峰　杨思信　吴冬梅　吴擎华　汪昊宇
宋业春　张礼永　张睦楚　陈克胜　陈梦越
周志平　周雪敏　钱　江　徐莹晖　曹天忠
梁尔铭　葛仁考　韩　星　储朝晖　楼世洲

审读委员会：（按姓氏笔画排序）

王　雷　王建梁　巴　杰　曲铁华　朱镜人
刘秀峰　刘继华　牟映雪　张　弛　张　剑
邵晓枫　范铁权　周　勇　赵国壮　徐　勇
徐卫红　黄书光　谢长法

# "中国现代教育社团史"丛书书目

《中国现代教育社团发展史论》
《中华教育改进社史》
《中华平民教育促进会史》
《生活教育社史》
《中华职业教育社史》
《江苏教育会史》
《全国教育会联合会史》
《中国教育学会史》
《无锡教育会史》
《中国社会教育社史》
《中国民生教育学会史》
《中国教育电影协会史》
《中国科学社史》
《通俗教育研究会史》
《国家教育协会史》
《中华图书馆协会史》
《少年中国学会史》
《中华儿童教育社史》
《新安旅行团史》
《留美中国学生联合会史》
《中华学艺社史》
《道德学社史》
《中华教育文化基金会史》
《中华基督教教育会史》
《华法教育会史》
《中华自然科学社史》
《寰球中国学生会史》
《华美协进社史》
《中国数学会史》
《澳门中华教育会史》

  推进教育治理体系和治理能力现代化……推动社会参与教育治理常态化，建立健全社会参与学校管理和教育评价监管机制。
——《中国教育现代化 2035》

---

  当前，我国改革开放正在逐步地深入和扩大，激发社会组织活力，在整个社会治理体系建设中具有重要作用。现代教育治理体系的建设，也迫切需要发挥专业的教育社团的积极作用。在这个大背景下，依据可靠的历史资料，回溯和评价历史上著名教育社团的产生、发展、组织方式和活动方式等，具有现实意义和社会价值。总的来说，这个项目设计视角独特，基础良好，具有较高的学术价值、实践价值和出版价值。
——石中英

---

  教育社团组织与中国教育早期现代化，既是一个有丰富内涵的历史课题，更是一个极具现实意义的重大课题。由中国教育科学研究院储朝晖研究员领衔的学术团队，多年来在近代教育史这块园地上努力耕耘，多有创获，取得了可喜的成果，积累了深厚的知识储备。现在，他们选择一批有代表性、典型性、产生过重大影响的教育社团组织，列为专题，分头进行深入的研究，以期在丰富中国教育早期现代化研究和为当代中国教育改革服务两个方面做出贡献，我觉得他们的设想很好。
——田正平

中国现代教育社团史　丛书主编/储朝晖

# 澳门中华教育会史

刘羡冰　著

国家一级出版社　全国百佳图书出版单位

图书在版编目(CIP)数据

澳门中华教育会史 / 刘羡冰著. -- 重庆：西南大学出版社, 2024.4
ISBN 978-7-5697-2334-2

Ⅰ.①澳… Ⅱ.①刘… Ⅲ.①地方教育－学会－历史－澳门 Ⅳ.①G527.695

中国国家版本馆CIP数据核字(2024)第075000号

# 澳门中华教育会史
AOMEN ZHONGHUA JIAOYUHUI SHI

刘羡冰 著

**策划编辑**：尹清强　伯古娟
**责任编辑**：尹清强
**责任校对**：曹园妹
**装帧设计**：观止堂_朱璇
**排　　版**：吴秀琴
**出版发行**：西南大学出版社（原西南师范大学出版社）
　　　　　　重庆·北碚　邮编：400715
**印　　刷**：重庆升光电力印务有限公司
**幅面尺寸**：170mm×240mm
**印　　张**：14
**插　　页**：4
**字　　数**：250千字
**版　　次**：2024年4月 第1版
**印　　次**：2024年4月 第1次
**书　　号**：ISBN 978-7-5697-2334-2

**定　　价**：68.00元

# 总序

在中国教育早期现代化的历史进程中,无论是清末,还是北洋政府和国民政府时期,在整个20世纪前期传统教育变革和现代教育推进波澜壮阔的历史舞台上,活跃着这样一批人的身影,他们既不是清王朝的封疆大吏、朝廷重臣,也不是中华民国政府的议长部长、军政要员,从张謇、袁希涛、沈恩孚、黄炎培,到晏阳初、陶行知、陈鹤琴、廖世承,有晚清的状元、举人,有海外学成归来的博士、硕士,他们不居庙堂之上,却念念不忘国家民族的百年大计;他们不拿政府的分文津贴,却时时心系中国教育的改革与发展。是"研究学理,介绍新知,发展教育,开通民智"这样一个共同理想和愿景,将这些年龄悬殊、经历迥异、分散在天南海北的传统士人、新型知识分子凝聚在一起,此呼彼应、同气相求,结成团体,组织会社。于是,从晚清最后十年的江苏学务总会、安徽全省教育总会、河南全省教育总会,到民国时期的全国教育会联合会;从中华职业教育社、中华新教育共进社、中华教育改进社,到中华平民教育促进会、生活教育社、中国社会教育社、中华儿童教育社、中国教育学会……在短短的半个世纪里,仅省级以上的和全国性的教育会社团体就有数十个,至于以县、市地区命名,以高等学校命名或以某种特定目标命名的各式各样的教育会社团体,更是难以计数。所有这些遍布全国各地的教育会社团体,通过持续不断的努力,从不同的层面,以不同的方式,冲刷着传统封建教育的根基,孕育和滋养着现代教育的因素。可以毫不夸张地说,在传统教育变革和现代教育推进的历史进程中,从宏观到微观,到处都留下了这些教育会社团体的深深印记,它们对中国教育早期现代化的贡献可谓功莫大焉!

大约从20世纪90年代开始，中国近代教育会社团体的研究，渐渐进入人们的学术视野。20多年过去了，如今关于这一领域的研究，已经风生水起，渐成气候，取得了相当的成果，并且有着很好的发展势头。说到底，这是当代中国教育改革的需要和呼唤。教育是中华民族振兴的根基和依托，改革和发展中国教育，让中国教育努力赶上世界先进水平，既是中央政府和地方各级政府义不容辞的职责，也必须依靠广大教育工作者的自觉参与和担当。从这个意义上讲，中国近代教育会社团体与中国教育早期现代化研究，既是一个有丰富内涵的历史课题，更是一个极具现实意义的重大问题。中国教育科学研究院储朝晖研究员，多年来在关注现实教育改革的诸多问题的同时，对中国近代教育史有着特殊的感情，并在这块园地上努力耕耘，多有创获，取得了可喜的成果，积累了深厚的知识储备。现在，他率领一批志同道合的中青年学者，完成了"中国现代教育社团史"的课题，从近代以来数十上百个教育社团中精心选择一批有代表性、典型性、产生过重大影响的教育社团，列为专题，分头进行了深入的研究。我相信，读者诸君在阅读这些成果后所收获的不仅仅是对教育社团的深入理解和崇高敬意，也可能从中引发出一些关于当代中国教育改革的更深层次的思考。

是为序。

田正平

丁酉暮春于浙江大学西溪校区

# 序

  澳门，这个人口不多，人才辈出的小城市，它的教育有什么特色和亮点？我是在世纪之交，读到刘羡冰女士的《澳门教育史》才有所感悟。也于此时，我认识了长期在澳门从事教育事业的刘羡冰女士。此后，在多次有关的学术讨论会上，我们亲切晤谈；我曾读到她对"英语浸入式课程"的研究成果，了解到她既是有创新见解的教育家，又是学识丰富的学者；读到她的近作《毋忘战祸——抗战胜利七十周年散记》，深感她的爱国情怀。近日，更有幸先睹她即将出版的近作《澳门中华教育会史》。

  《澳门中华教育会史》按历史的进程叙述。在历史发展的叙述中，不仅叙述了百年来澳门中华教育会的会史，更反映了百年来澳门教育的变化发展；还很好地反映了祖国百年来的变化发展，尤其是近40年来的改革发展；也在一定程度上反映世界某些有关的事件，如1974年葡萄牙的四二五革命，以及历年来教会教育的消长。

  因此，这部会史的实质，是一部社会发展史，不仅是澳门的社会发展史，而且在一定程度上反映了祖国的社会发展以及若干侧面的寰球社会发展。这是我的见解，然否？待正。是为序。

潘懋元（九十九岁作）

2013年潘懋元教授接受作者赠书时合影

## 自序

2017年储朝晖教授邀请我撰写《澳门中华教育会史》，列入他统筹的"中国现代教育社团史"丛书之中。我很珍惜这个好机会，一口答应，但我读到丛书编写要求时，又感到自己力不从心。

第一，虽然在1999年我出版了《澳门教育史》、2002年再出版《世纪留痕——二十世纪澳门教育大事志》两本书，书中有不少与中华教育会有直接或间接关系的内容，再写教育会史，文字数据大部分不假外求，况且近年在海峡两岸教育史论坛上，我发表了多篇专题史论文也涉及中华教育会，但我从未按一套丛书的要求写成一本书。

第二，澳门中华教育会成立于1920年，到2020年100周年了，虽然我在1952年入会，1953年开始以司徒慕雪、葆青等笔名为中华教育会会刊《澳门新教育》《澳门教育》前身）写新闻稿或教学心得，1972年被选入理事会后一直参与工作至2013年，历时一个甲子，许多工作都亲身经历，甚至与教育会荣辱与共，但作为小城的四大传统爱国社团之一，会员占全澳教育界的三分之二左右的实力团体，要按丛书编写要求写她的百年历史，要达到"还原并留存各教育社团的历史原貌和全貌，传承、传播教育先驱的精神，为当今教育改革和发展提供历史借鉴和智慧资源，拓展教育发展的历史文化空间"这么高的要求，我个人感觉力有不逮。

还有一个更现实的问题，历史是必须经过时日的沉淀和考验的，即使我只写会史八十年，也感到现在执笔，还未到时候。推掉撰写的理由是充分的，但环顾现实，我思绪万千。

首先，澳门中华教育会始终站稳爱国团结的立场，秉承关注社会、服务教育、维护教育界权益的宗旨。在抗战艰苦的岁月中，与祖国人民共赴国难，师生投笔从戎，英雄辈出；救济失学，不遗余力。时任会长梁彦明坚定领导抗日活动，面对威迫利诱不为所动，被汉奸杀害。在葡人的殖民统治下，历届理监事坚持义务任职，不取教育会分文，始终大力推动爱国教育，爱国思想代代相传。理事长谭立明不畏环境乏窘，号召教育界团结自救，谋求会员福利、筹办全澳学生运动大会，筹款自置永久会址，为教育会巩固了根基，确立了关心群众、依靠群众的工作原则以及敢为人先的开创精神。许多教育先驱的精神是澳门中华教育会的传家宝，能"传承、传播"，最低限度能直接向教育会理监事和新旧会员，甚至澳门教育界"提供历史借鉴和智慧资源，拓展教育发展的历史文化空间"。

其次，在长达半个世纪里，教育会同人在理监事会的集体领导下，前赴后继，致力于扭转教师"唔穷唔教学"的宿命，既提升了教师整体的专业素养和专业资格，又争取合理的教学工作条件和薪酬，维护了业界权益，为华人教育争取了平等权利，加速了人才的多元发展，特别是治澳人才的培养。这里面蕴含了许多正能量，能"传承、传播"，积极作用也不少。

我再三思考，特别考虑到教育界一直是社会上的弱势群体，能在日寇的淫威下，又在葡人管治下，中华教育会能发声、能在不断努力中取得成绩，千万不要忘记是因为我们一直在澳门源远流长的爱国团结的队伍中，得道多助，凡正义正确的要求，都会取得社会主流的赞同，得到爱国团体及葡国开明人士的支持！会史的经验和教训能"传承、传播"，有助于教育会的持续发展，也警惕后人在社团之间、学校机构间千万不能做损人利己的丑事，只能同心协力，继承和发扬爱国团结的光荣传统。澳门今天有六十多万人口，社团过万，必须坚守为会员整体利益服务与保障个人利益的一致性，永葆优良传统。

我肯定写不出"教育社团的历史原貌和全貌"，但总比手上有资料不去写好。能抛砖引玉，那就更好了。

写于2019年7月12日　时年八十五岁

## 作者介绍

刘羡冰 1934年出生于广东中山。在澳门从事教育逾48年。1984年出任中华总商会附设商训夜中学校长至2000年退休。1990年获澳门总督颁授文化功绩勋章。1993年获华南师范大学颁授教育学硕士学位。2002年获澳门特区政府颁授首届教育功绩勋章。2019年获澳门大学颁授荣誉教育博士学位。

长期参与多项社会工作,曾任1994—1998年度澳门中华教育会理事长。曾任澳门特别行政区筹备委员,澳门教育委员会委员,澳门学历认可委员会委员,澳门特区长者事务委员会委员,中国教育学会教育史专业委员会委员,广东省政协第七、八届委员会委员,澳门东南学校第二任教育促进会理事长等。

现为澳门中华教育会名誉顾问、澳门镜湖护理学院顾问委员会委员、澳门女公务员协会顾问、澳门弱智人士家长协会顾问、澳台友好协会永远荣誉会长、澳门文献信息学会顾问、澳门发展策略研究中心顾问、东亚大学同学会顾问、澳门街坊总会名誉顾问、澳门妇女联合会顾问、中山市孙中山研究会顾问等。

从学生时代开始业余写作,1953年开始为澳门报刊《新园地》《澳门新教育》和《澳门学生》撰稿。从20世纪60年代开始在《澳门日报》撰写中短篇连载小说七篇半[①],共110万字;从80年代开始发表有关教育、文化、历史及语言方面的论文,共230多篇,250多万字,连同小说、散文、新闻、特写等共500多万字。作品曾发表于《教育理论与实践》《教育史研究》《学术研究》《比较教育研究》《早期教育》《中国教师报》《诗刊》《中国语文》,以及《爱满天下》《港台海外华

---

① 首篇《青春恋歌》作者因工作需要离澳赴京,作者作为共同策划者完成了后半部。

文文学》《西南教育论丛》《南方师苑》《韶关教育》《儒学天地》《中共宁波市委党校学报》《孙中山研究》《中山文史》《文化遗产与集体记忆》《读经》《儒教邮刊》《德教信息》和《家园》等。作品以发表于澳门为主,包括澳门各大报章如《澳门日报》《大众报》《华侨报》及《市民报》;刊物包括《行政》《澳门文化杂志》《澳门教育》《澳门学生》《澳门研究》《澳门理工学报》《澳门语言学刊》。先后为上海教育出版社《教育大辞典》、浙江教育出版社《中国书院辞典》及《澳门百科全书》等撰写词条。

个人专著有:《澳门教育史》(包括北京人民教育出版社第一、第二版,澳门繁体字版、澳门大学英文版)、《南欧风彩葡国教育》、《双语精英与文化交流》、《世纪留痕——二十世纪澳门教育大事志》初版及增订版、《学史鉴史》、《从教议教》、《学艺游艺》、《猎影绘影》、《辛亥百年再思考》、《教书育人再思考》、《鉴古知今再思考》、《书山染翠笔海碎浪》及《毋忘战祸——抗日胜利七十周年散记》等。

2019年获澳门大学颁博士学位接受电视台记者采访

# 目录

**第一章　澳门教育源流** /1
　　一、澳门四百年治权的更迭　/3
　　二、澳门教育多元并存,中外文化交汇　/4
　　三、澳门四种学制并存　/8
　　四、澳门既是革命回旋地,又是罪恶陷阱边　/9
　　五、澳门人爱国团结的传统源远流长　/10
　　六、小结　/11

**第二章　澳门中华教育会的成立** /13
　　一、凝聚民族情,共襄华校事　/15
　　二、全国榜样在前,澳门积极建会　/16
　　三、小结　/20

**第三章　教育会的第一个十年** /21
　　一、澳门的处境　/23
　　二、澳门教育实况　/24
　　三、澳门教育会成立后的工作　/26
　　四、五二九惨案期间有无罢课?　/33
　　五、小结　/34

**第四章　抗日烽火十四年** /35
　　一、抗日创下澳门历史最壮丽的一章　/37

二、抗战前夕澳门的历史背景　/39
　　三、教育界从9月19日开始投身抗日事务　/40
　　四、澳门华人社团怒吼第一声　/41
　　五、七七事变，小城抗日活动高潮迭起　/46
　　六、小结　/65

第五章　**两大胜利大快人心**　/67
　　一、澳门的新局面　/69
　　二、当年三件影响较大的事件　/70
　　三、中华教育会的新局面　/76
　　四、无记名投票——会员意志的大检阅　/80
　　五、小结　/86

第六章　**大事记（新中国成立—澳门回归）**　/87
　　一、五十年代至六十年代中期　/89
　　二、"文革"十年　/107
　　三、改革开放的前十年　/121
　　四、中葡联合声明签署—回归祖国　/148

第七章　**结　语**　/193
　　一、定位——中华教育会不是澳门第一个教育团体　/195
　　二、1949年中华教育会的易帜主因是人心向背　/195
　　三、成功经验和失败教训　/196
　　四、八十年历程的终转站 ——回归后的新起点　/198
　　五、本文写作几点说明　/200

参考文献　/201
后记　/203
丛书跋（储朝晖）　/205

# 澳门教育源流

第一章

## 一、澳门四百年治权的更迭

澳门自古是中国领土。16世纪中期葡萄牙商旅通过临时借居,后贿赂明代贪官把借居演变为长期租居,把澳门这一小渔村作为葡人到中国(广州)营商的歇息地,并且成为他们联络其他西方商人来中国经商的据点。从1553年到1849年这近三百年间,明清政府在澳门地区一直有效行使主权。葡人在指定租居范围内,接受中方官员的管治,并获中方容许有限度自治。可以说澳门是中国最早的特区。葡人基本守法,间中还表现恭顺,但也经常有小动作。澳门成为中国最早的对外开放的小城,是欧洲人在亚洲居留最早的、也是我国罕有的、四百多年前已出现华洋杂处的国土。

1840年鸦片战争后,香港岛被清政府割让给英国。自此,清廷的腐败衰弱在西方强盗面前毕露。香港的深水港又取代了澳门对外联系的优势,加上处于铁船取代木船的年代,各国商船不再使用澳门,令澳门港口活动一落千丈。葡萄牙女王玛丽亚二世接受天主教神父马杰罗的建议,不顾中国在澳门的海关主权,于1845年公然宣布法令,擅自开放澳门为自由港,声称"所有与此法令相抵触的法规尽皆作废"。[①]阿玛留于1849年强占澳门,澳门开始进入葡人强占进行殖民统治阶段,澳门同胞饱受葡人压迫欺凌。

在强占期间,葡人始终希望取得永远管治澳门的合法地位,一方面在与中

---

[①] 谢后和、邓开颂:《澳门沧桑500年》,广东教育出版社,2014,第139-141页。

方进行谈判的过程中,采欺诈手段,于1887年达成《中葡和好通商条约》,其英文本译为葡国"永久占有"澳门,与中文表述不同,引起广东官民的警觉和反对;另一方面葡人又不断向澳门四周地界、水界扩张,频频与广东地方官兵发生摩擦以及界务纠纷,张之洞等官员在国人的支持下坚持立场,坚决捍卫领土完整,还多次提出收回澳门,因此边界勘定始终无法完成,协议也始终未能完全生效。①

澳门自古以来是中国领土。中国政府在联合国声明香港和澳门不是殖民地。1987年4月13日中葡联合声明签署,确定中华人民共和国于1999年12月20日对澳门恢复行使主权。

## 二、澳门教育多元并存,中外文化交汇

澳门华人的文化教育与中华传统文化教育一脉相承。明末清初澳门华人均按中国封建教育制度培育子女,学习内容为《三字经》《百家姓》《千字文》及"四书""五经"。科举制度废除之前,澳门每年均有读书人到广州试场参加科举考试。历史上曾出现望厦赵元辂乾隆丁酉科(1777年)与赵允菁嘉庆辛酉科(1801年)父子登科的喜事。②澳门华人的庙宇及妈祖崇拜一如中国各沿海地区。

图1-1 赵家父子登科横匾

图1-2 天主教圣保禄学院遗址(油画)

天主教一向为葡国的国教,四百年前,意大利罗马天主教传教士已经随伴

---
① 谭志强:《澳门主权问题始末》,永业出版社,1994,第153-164页。
② 刘羡冰:《世纪留痕——二十世纪澳门教育大事志(增订版)》,澳门出版协会,2010,第21页。

葡国商旅来澳,他们为教徒主持宗教仪式,规范教徒的行为,贯彻执行宗教文化教育。其时基督新教勃兴,天主教作为旧教,更企图以澳门为基地,向东方传教扩展影响。由于传教士利玛窦从澳门开始学习汉语,学习中华文化,从澳门进入中国内地,进行学术传教,取得成功,天主教耶稣会1594年在澳门建立远东最早的神学院,即圣保禄学院。虽然按西方制度它不能称作大学,但确是远东第一所西式高等学府。澳门因此也成为西方在远东最早传播基督旧教(即天主教)的基地。该学院培养了数以百计的双语精英,派到中国内地、日本和越南等地传教。这批传教士给中国送来西器、西艺、西书和西方较为先进的科技和学术成就。1620年,传教士金尼阁从欧洲募集七千部西书运到澳门,分批送进北京,是西学东渐的壮举;他们在澳门又艰苦学习中国语言文字,了解中国文化,特别研究儒家经典和礼仪,以便能进入中国上层社会,利于传教。1650年西方传教士把译出的千部中国经典著作运回罗马送给教皇。①

以上活动,发生在四百年前的小小澳门,在客观上发挥了大规模的、高层次的、双向的中外文化交流的作用。

19世纪基督教牧师马礼逊又在澳门刻苦学习中国语言文字,参考万本中文图书,花十三年光阴倾尽心血编著大部头《英华字典》。这部字典在19世纪的西方广泛流传。他们还搜集了万册中国典籍,从澳门运回英国,成为英国甚至西方各国汉学的奠基资源,澳门因而也成为中外字典的故乡,小城澳门在东西方文明之间架起桥梁,所做出的巨大贡献,是澳门教育史的一时辉煌。②故此澳门也成为远东最早的东西文化接触、碰撞和交流的地方。③

澳门各天主教堂都设有要理班,对教徒进行宗教教育。圣保禄学院也附设耶稣会学塾,学童约两百人。鸦片战争后,基督教新教也随商旅播道东方,在澳兴建教堂和开办学校。容闳、黄胜和黄宽等就是从澳门跟随基督新教牧师郭士立赴美,成为19世纪第一批"中国留学生毕业于美国第一等大学者"。在小小澳门,一个独特的多元化的教育格局已形成。

---

① 刘羡冰:《澳门教育史》,人民教育出版社,1999,第8-9页。
② 刘羡冰:《学史鉴史》,澳门出版协会,2005,第81页。
③ 刘羡冰:《世纪留痕——二十世纪澳门教育大事志(增订版)》,澳门出版协会,2010,第22-23页。

图1-3 天主教林家骏主教和佛教释健钊大师共同主持澳门机场启用仪式

图1-4 葡式建筑——助学会旧址

1910年10月5日,葡国人民推翻封建统治,建立了共和国。1911年10月10日,中国辛亥革命成功,建立了中华民国。中葡教育都适应了近代化的潮流,都建立了近代化的基础教育系统。但各自学制的演变均依照自己的民族文化发展情况。澳门葡校摆脱了教会教育,建立四二六新学制(即小学四年,预备中学两年,中学六年)并开办华童的民主学校,以中葡双语教学,培养下层华人子弟。这类学校因不教英语,长期成为极少数华人的选择。澳门中文学校是按中国政府的政策,由家族宗祠、庙宇或私人的学塾、书屋改造而来,采六三三制(即小学中学各六年)。

图1-5 官立葡文中学旧址,现为文化局

图1-6 立于天主教堂旁的校舍——圣罗撒女中

图1-7 初办于庙宇的镜湖义学

## 三、澳门四种学制并存

历史形成了澳门的文教多元,澳门到回归前夕仍是四种学制并存,即中国学制、英国学制、葡国学制、中葡学制。中国学制,是从日本引进的六三三美国学制;英国学制是从香港传来的六五二学制;葡国学制是澳门官立学校沿袭葡国的四二六学制;中葡学制是政府为培养低级华人公务员为华人开办的官立学校所采用的学制,以粤语为教学语言,设葡语,是澳门唯一不设英语的学制。表1-1所示是回归前的基础教育学制情况。

表1-1 回归前澳门学制情况

| 学制 | 占比 |
| --- | --- |
| 中国学制——六三三制 | 86% |
| 英国学制——六五二制 | 7% |
| 葡国学制——四二六制 | 1% |
| 中葡学制——六三二制或六五制 | 6% |

澳门中华教育会就诞生于葡国强占澳门71年后的1920年,一个华洋杂处,东方和西方文化教育各行其道,各美其美的大环境中。1920年在中国历史上是五四运动的次年,是中国共产党成立的前夕,是一个国人开始觉醒、风起云涌的年头。

## 四、澳门既是革命回旋地,又是罪恶陷阱边

澳门位于广东南端,1553年开始有西方葡国商人及他们的仆从入住。在四百多年的华洋杂处中,中外人士之间有交易、交往,也有少量通婚,虽仍以疏离为主,但西方文化最早传入,澳门始终是一个开放型的小城。

林则徐被誉为开眼看世界的第一人,他认为"欲制外夷者,必先悉夷情始"。1839年作为钦差大臣南来查禁鸦片期间,他在澳门广泛搜集西方信息,组织专人翻译。后来他把资料送挚友魏源出版。这就是最早给国人普及世界知识的《海国图志》。[①]

鸦片战争以后,国人不断觉醒,为救国救民而奔走呼号,澳门渐渐成为仁人志士进行革命活动的回旋地。经济与文教长期落后的小城澳门,却经常被注入先进思想。郑观应、容闳、洪仁玕、孙中山等最早在此涉猎西学;康有为、梁启超及其他维新人士、孙中山及其革命党人,在这小城还留下活动足迹和思想影响。其中不少曾流亡至此或在此安顿家人。康有为的弟子陈子褒、郑谷诒和卢湘父,同盟会成员梁彦明、潘才华、容泮池、谢英伯、冯秋雪、赵连城等也曾在此兴学育才,贯彻教育救国的意志,更曾建立零散的、临时的革命秘密基地。

图1-8 日本翻刻本《海国图志》

在中华教育会成立前,先进人物对当地华人的思想文化早已有一定影响,对教育界则影响更深远。国内历次爱国活动,如1897年的不裹足运动,1909年的剪辫运动,1915年反对卖国的"二十一条",1917年反对张勋复辟以及1919年的五四运动,澳人均迅速响应,不甘人后,借此加强社会教育。康梁的百日维新1898年宣告失败,康梁在澳门出版的宣传刊物《知新报》仍能两年后,于1901年2月刊行最后一期。维新派接着还在澳再办《濠镜报》,足证澳门确发挥有限度

---

[①] 刘羡冰:《双语精英与文化文流》,澳门基金会,1995,第222–227页。

的自由空间作用,诚一个小小的革命活动回旋地。

另一方面,澳门也成为黄、赌、毒的罪恶渊薮。历史上恶名远播的鸦片贸易和苦力贸易(即"猪仔贸易")澳门都成为中心。周边禁赌、禁娼、禁烟(即禁吸毒),这些行业都转到澳门继续经营。因此,澳门又是不自爱者沉沦的地方。澳门居民在斑斑血泪中,体验到教育的重要,在外人殖民管治下,体会到祖国强大的必要。澳门同胞长期深怀强国梦和回归梦。

## 五、澳门人爱国团结的传统源远流长

中华民族素有爱国团结的光荣传统。在葡人长期的殖民管治下,澳门人更是团结一致,积极爱国救国。以下列举澳门教育会成立前的几个事例。

1912年5月,广东军政府成立,澳门各界积极拥护,大力捐献,仅镜湖医院即捐赠数万元。5月底共筹得公债款1410344.32元,在所有公债款中,港澳商人及华人占大部分。[1]

1915年袁世凯与日本政府签订丧权辱国的"二十一条"。全国各地纷纷反对,澳门华人在育贤学舍召开国耻大会,到会者800余人。教育界梁彦明、李君达、卢鹿湖、曾次崔等会后在澳门组织"抵制日货救国会",并且逢周日到中山各乡宣传抗日救国。[2]

1919年五四运动期间,澳门十多所学校爱国师生积极响应,组成演说团,散发传单。香港《华字日报》报道澳门孔教学校"虽有学生被捕而志不稍衰"。[3]

从上举事例可以看到:澳门虽然不是殖民地,但葡人强占后实行殖民统治的150年间(1849—1999年),华人在葡人长期的民族压迫下,已形成较强的爱国团结传统。中华教育会的始创成员中,多位是直接响应爱国活动的中坚分子,他们是在学校内外带头推动爱国团结教育的先进人物。上述的爱国活动中,大多数由先进的知识分子发挥先锋带头作用。澳门人反对丧权辱国的"二十一条"的两位主力梁彦明、曾次崔后来是成立教育会的主力,持续到处宣传抵

---

[1] 邱捷:《孙中山领导的革命运动与清末民初的广东》,广东人民出版社,1996,第292页。
[2] 刘羡冰:《世纪留痕——二十世纪澳门教育大事志(增订版)》,澳门出版协会,2010,第70页。
[3] 刘羡冰:《世纪留痕——二十世纪澳门教育大事志(增订版)》,澳门出版协会,2010,第71页。

制日货的也是师生;辛亥革命胜利后,梁彦明校长等在崇实中学发起剪辫会,一批师生带头响应。然后才出现清平戏院200人报名的剪辫易服大会。

以上事例说明澳门的社会风气是正邪两派各走极端的。好的比不少先进地区更好,坏的比最落后的地方还坏。幸而反复经历黄、赌、毒的遗害,老居民吸收了赌徒家破人亡、被社会唾弃的教训,大多数能远拒这些罪恶渊薮,培育了出淤泥而不染的莲花精神。

由于历史是需要经历时间的沉淀和考问的,本文除交代澳门简史的特别和文化教育的特色之外,对具百年历史的澳门中华教育会,笔者只写到1949年,新中国成立后的历史,以大事记的形式呈现。1999年,澳门回归祖国的怀抱,也是中华人民共和国澳门特别行政区的肇始。

## 六、小结

### 1.港澳两地的共性和个性

一百多年前,人们谈到本地文化风俗惯常概括"省港澳",实三地情况许多相近相若,但经过不同的政治、经济的发展变化,到20世纪下半叶,三地情况各异,实际已经差得多了。至今仍有人把港澳两个特区并称,看成差不多的,甚至认为政策和社会都一样的还不少。实际英、葡两国入据港澳两地的情况不同,两国的民族特性、殖民政策、国运兴衰都差得多;港澳两地的历史条件、居民特质、文化素养和社会环境既有共性也有个性。因此笔者感到开宗明义,首先给读者介绍澳门中华教育会的生存和发展的具体环境条件,是必要的。

### 2.更正较普遍的讹错

(1)葡萄牙对澳门的管治没有四百多年

1849年葡萄牙强占澳门,澳葡政府才开始在澳门半岛进行殖民统治。之前的近三百年是借居和租居在澳门半岛的东南一角,而且整个半岛都在明清政府的管治之下。在葡人聚居区内的所谓自治,也是明清政府所辖准的,非政治管治性质的葡人自我管理。我们可以说澳门有四百多年的华洋杂处或中外交往史,不能说澳门被葡国管治了四百多年,也不能含糊地说在澳门半岛上中葡人各自分别管治。

(2)20世纪90年代省港澳三地教育已经差得多

抗日战争胜利后,三地教育已经差得多了。例如,香港教师薪津高,但上课节数也升至每周三十多;广州上课节数合理,但教师薪酬低;澳门最不幸,由于大多数私校经费靠社团与家长承担,教师薪酬低而上课节数又高,近三十节。后来外人大多体会到广州是内地体制,与港澳不同,但仍把港澳混为一体,不知道也有很多差异。香港约四百所中学,以中文作教学语言的只有六所;澳门教中文的学校却占了八成多;香港教育中,英语教学占绝对优势,澳门葡语尽管在葡人管治下是官方语言,但在教育上处于绝对的劣势。因此,不能想当然,必须了解澳门的实情,才能避免讹错。

# 澳门中华教育会的成立

第二章

澳门中华教育会在1920年成立,正是五四运动之后,中国共产党成立之前。祖国学界热情高涨,带来西方科学和民主的精神,新文化运动在祖国大地上萌芽;迅即又传入马克思无产阶级革命的思想。在此爱国运动风起云涌的时刻,澳门也受到一定的影响。中国教育团体的纷纷成立,更催生了澳门教育界要适乎国内新教育推行的潮流,合乎当地私立教育生存发展的需要而组织团体的决心。

在中华教育会的会史中,它一直和全澳各界同胞一道,高举爱国团结的旗帜,承传中华民族文化,与祖国人民同心同德,始终以维护澳门师生的权益,推动澳门教育事业的发展为宗旨。

## 一、凝聚民族情,共襄华校事

澳门是个小城,根据澳葡政府公报,1910年居民总数有74866人,其中葡人3526人,不足5%。[①]

长期以来,澳门华人一方面为保障本身的权益,应付天灾人祸,另一方面又受内地的爱国活动的鼓舞和激励,重视发挥团结自救的力量。但社团的成立必须获得澳葡政府批准。例如1909年3月22日,华商萧瀛洲、李镜荃、赵立夫向澳葡政府申请成立华商会,经批准成立。不久,却被远在欧洲的葡国政府下令

---

[①] 刘羡冰:《世纪留痕——二十世纪澳门教育大事志(增订版)》,澳门出版协会,2010,第66页。

撤销。经再次申请注册,四年后的1914年12月1日才得以成立。[①]从这个事例可以看出,葡国政府对有实力的华人社团是怀有戒心的,不像澳门当地官员那样理解华人组成社团具两重性,既方便政府的管治,又增强对政府的抗衡和商议实力。从此事例可知1920年华人爱国团结的情绪日渐高涨,申请成立教育专业团体,不可能顺利,但教育界克服困难的意志也很强。

居住在澳门的葡人虽不足5%,但澳门的管治权力却控制在这不足5%的葡人手上。凡遇到官民矛盾,往往不是按情理解决,不少葡人的口头禅是"你话事?还是我话事?"。意思是说,在澳门葡国人说了算,中国人只能认命。因此,澳门华人长期在有强权、无公理的葡人管治下必须靠爱国团结的力量来保障基本人权。

面对殖民主义的管治,教育界特别能感受到没有组织的困境。由于力量分散,无联络,无领导,磋商也没地方,遇到公众事务办理困难,确实早就存在把教育界组织起来的客观需要。因而其中部分热心的教育工作者很早就萌生了组织团体的意念,教育界大部分人也希望早日有自己的组织。

当时,澳葡政府还没有设立教育部门,由警察厅管辖私立学校。1920年初,警察厅通知所有已批准运作的私立学校,凡学生人数超过30的,学校必须设一个便桶,并申明该条例将于1921年1月执行。各校对这条例大都感到不便,于是联络60所学校代表一同与警察厅进行交涉,提出学校经费不足,大多租用民居作校舍,一般地方狭小,请求暂缓执行新条例,但交涉无效。诸如此类的事情加促了这群私校组织教育团体的步伐。

## 二、全国榜样在前,澳门积极建会

建新学校校长梁爵卿,习成学校校长刘紫垣,觉觉学校校长傅子光,培性学校校长容循道,道明学校校长陈永康,这几位都是创会的发起人,他们经多次酝酿磋商,联同拜访了1919年参与成立中山县七区教育会的崇实学校梁彦明校长。

---

[①] 费成康:《澳门四百年》,上海人民出版社,1988,第409页。

第二章　澳门中华教育会的成立

　　梁彦明校长1907年毕业于广州两广优级师范学堂,1909年从广州到澳门开办崇实书塾,是1913年参加中国同盟会的爱国人士。他向来访的几位介绍了1919年在前山、翠微、南屏一带组织中山七区教育会的经过,提供给澳门这群热心校长作为参考。于是这几位校长就于农历四月假红窗门13号建新学校举行首次筹备会议,征询前来参加的教育人士对成立教育团体的意见。会上当然有不同意的,其中"顽固守旧者"还大加反对。组会工作虽遭挫折,但发起人仍继续努力,反复商议,积极争取更多教育界对建会的共识,并积极投入各项筹备工作,更获得深谙葡语和熟悉政府登记手续的天主教公教学校校长刘雅觉神父的首肯。刘雅觉神父愿承担翻译会章为葡文的任务,以"澳门华人教育会"名义向澳葡政府办理注册立案手续。他们经多番努力,终于参考内地教育会的会章,联系澳门实况,起草了章程,由刘神父译成葡文,先后获得澳葡政府和广东省教育厅的批准,澳门教育会就在农历八月三日,即公历1920年9月14日,假镜湖医院大礼堂举行成立典礼。

图2-1　刘雅觉校长

图2-2　梁彦明校长

　　在教育会首次会员大会上通过了会章,并依章选出第一届评议会十三人。再互选出会长刘雅觉,副会长曾次崔。第一次评议会选出评议长刘君卉,评议员梁彦明、冯秋雪、刘斐烈、周静生、傅子光、赵连城、刘紫垣、容循道、梁爵卿、吴秋荣、陶瑞云,及候补评议员梁彦武、陈永康、范朗西、陈孔昭、李澄波、郑洞庭、郭辉堂。[①]

---

① 刘羡冰:《澳门教育史》,人民教育出版社,1999,第270页。

澳门中华教育会史

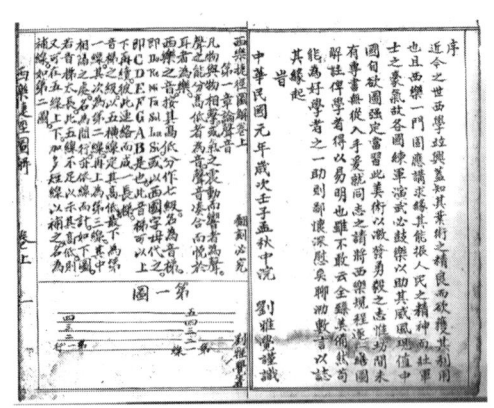

图 2-3　刘雅觉神父为振奋国人而翻译《西乐捷径图解》卷上

由于人事变迁,特别是1942年底时任会长梁彦明突遭汉奸杀害,会务陷入低潮,该会1942年之前的档案全部失散。1980年代末,笔者始将1923年7月16日经澳门总督批准刊登于《澳门宪报》的澳门教育会会章葡文本,请梁官汉先生向笔者口译,笔录后,再参照创会候补评议员郭辉堂校长遗留下的未完稿的手稿《澳门教育会史略》整理而成,这是最早的《澳门教育会章程》。[①]对1942年之前的会务情况,只能通过港澳当年的日报等有限的新闻报道获得。另一途径是靠前人口述。因此,郭辉堂校长遗留下的未完稿的手稿《澳门教育会史略》虽简短,却十分珍贵,文本现存中华教育会办公室。

### (一)与全国各教育团体的继承性

1902年蔡元培等首先在上海成立中国教育会。20世纪初,全国各地教育会组织如雨后春笋,纷纷成立。中国各大城市的教育团体渐次成立,如浙江教育总会、江西教育总会、湖南教育总会……1911年广东教育总会也成立了,接着1919年中山七区教育会也在一群热心推广新教育的校长的努力下成立了。澳门教育会则在中山七区教育会的直接影响下成立。会章也显示出全国教育团体的继承性,例如澳门教育会会章第一条办会宗旨,列为"为研究教育问题,促进教育发展";第五条在领导机构上,采会长下设评议会制,由会员大会选出13名评议员组成评议会。设会长一人,副会长一人,评议长一人领导工作。从宗

---

① 刘羡冰:《澳门教育史》,人民教育出版社,1999,第274—278页。

旨到组织都与当年澳门其他社团的用语有别,而直接取自内地教育会章程。

## (二)会章的澳门本土特色

会章第四条会员的组成,除区分了官校、私校教师两大类之外,在政府教育部门任职者和具高等教育文凭者均可申请入会。因此澳门教育会初始会章,会员共四类,与内地的会员构成有所不同,也与今天的会员构成不同;第二十七条有关财政管理上,注明现金必储入邮电储金局。[①]这点更具鲜明的澳门地方色彩,因为当年澳门只有银号,没有银行,而邮电储金局是官方唯一接受储款的机构。

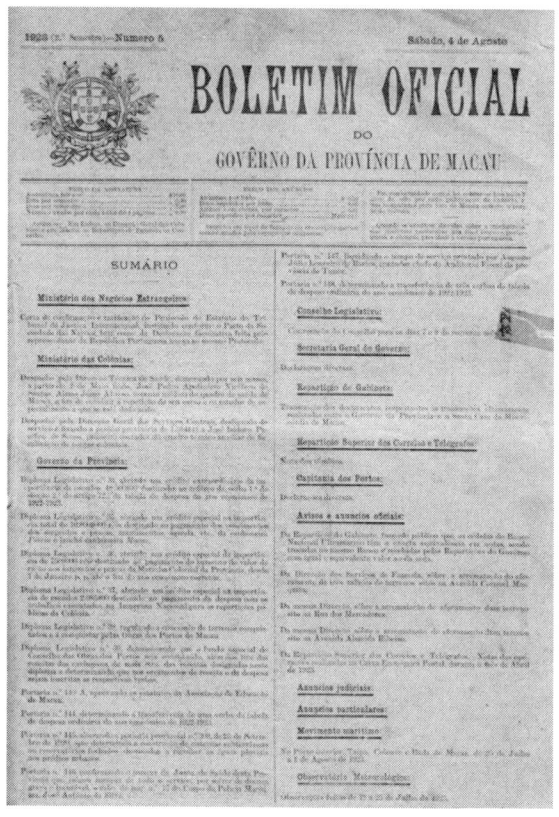

图2-4 刊登于《澳门宪报》的澳门教育会会章葡文本

---

① 刘羡冰:《澳门教育史》,人民教育出版社,1999,第274-278页。

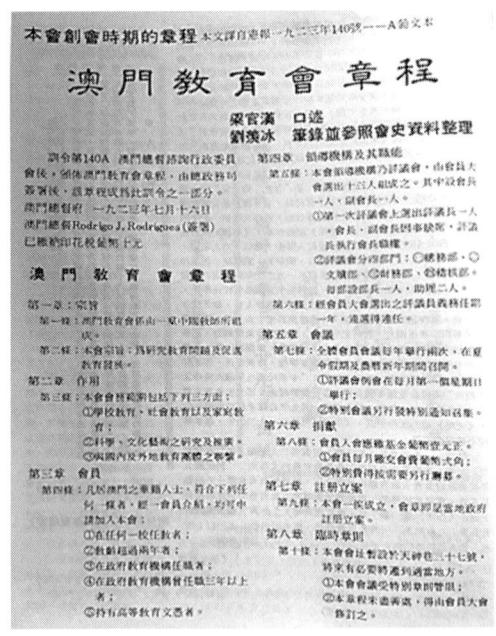

图 2-5 从葡文本译出的《澳门教育会章程》

## 三、小结

### (一)会章精神与祖国文教一脉相承

从澳门教育会的成立过程,我们可以体会到尽管小城有四百年的华洋杂处历史,又受葡萄牙殖民管治了七十年,但澳门人仍心系祖国,教育界对青少年儿童的爱国教育百年不懈,源远流长的澳门优良文教与中华文化确实一脉相承。这是澳门同胞爱国团结的根源。

### (二)澳葡政府对华人教育的态度

同时我们又看到,澳葡政府对华人教育只管制而无承担的基本态度。华人私校经营的困难,设备的简陋可想而知。

# 教育会的第一个十年

第三章

澳门教育会成立后的日子，中国包括澳门都处于多事之秋。疾风知劲草，这个社团一开始就和多难和奋起的祖国联结在一起。

## 一、澳门的处境

20世纪20年代，澳门这个小渔村已经开始转变了，但1921年仍有渔民6万，占人口的71%。1930年渔产出口值仍占全澳出口贸易总值的26%强。当年重要的工业是与渔业相关的造船业。除了造船之外，炮竹和火柴这两类有一定危险性的手工业工厂，也开始迁来澳门，后来又发展了神香业，形成三大手工业，吸引了妇女就业。从此，澳门社会开始了城市化、工业化的进程，也带动了澳门经济的发展。[①]

在政治方面，辛亥革命胜利后，中国经历了一定时期的混乱，先是袁世凯称帝、张勋复辟，然后又是军阀混战，1925年孙中山先生病逝后，1927年出现国共分裂，共产党人遭受大屠杀。因此，这期间葡帝国主义者也嚣张一时，野心勃勃，乘机扩张。

1916年葡军舰强闯湾仔，士兵登陆租房安住。中方派兵驻守，又循外交途径交涉。1921年9月16日葡军借口中国军队越过他们声称的边界，首先向湾仔银坑开炮袭击中国军队，中方还击，击毙葡兵2人、击伤3人。此事史称"九一六事件"。

---

① 黄启臣：《澳门通史》，广东教育出版社，1999，第322-329页。

紧接着在1922年5月28日,澳门又发生葡兵白天当街调戏中国妇女,而三名理发工人挺身劝止遭逮捕的事件,引起万人包围警署,要求释放3名工人,5月29日军人开枪杀人,史称"五二九惨案"。数以万计的澳门人返回内地,华人仅留不足十分之一。澳门变成一个空城、死城、臭城。此事激起全国同胞的愤怒,国人再一次发出收回澳门的强烈呼声!葡政府6月初态度曾有所改变,但由于中国内争不断,事件一直拖到11月才草草了结。①

1924年,由于广州商团叛乱,大量难民涌到澳门,澳门人口突增。

1925年震惊中外的五卅惨案爆发,6月19日爆发省港大罢工。6月23日广州发生"六二三沙基惨案",7月17日澳门工人也参加省港大罢工,澳门海运交通亦被封锁,商业萧条,夜晚街上行人绝迹。②

到1927年澳门总人口增至161039,其中华人152738,葡人3864,其他国籍人口为4437。这期间人口骤增主要是因为中国内地军阀混战和社会不安,华人连同资金和实业员工一同移入。此后澳门总人口还曾一度增至190306人。到了1929年,除英资水泥厂之外,澳门拥有10家制烟厂、3家火柴厂、10家炮竹厂、20家神香厂、8家食品罐头厂、54家酒厂、6家花生油厂、2家棉织厂、10家小型玻璃厂、18家碾米厂。加上政府1927年设立的骰宝博彩、跑马场投注博彩和实施鸦片专卖制度,这十年澳门社会也在急速变化,经济因国内纷乱而大有发展。

澳门人从历史中一再亲身体验祖国的兴衰荣辱,甚至一省的大事小事,都会对小城澳门起重要作用,因此,祖国的强大与统一是大多澳门同胞的世纪梦想。

## 二、澳门教育实况

澳门教育会在这十年间,爱国情绪高涨,经历了严峻的考验。师生均受其

---

① 吴志良、汤开建、金国平主编《澳门编年史 第五卷 民国时期(1912—1949)》,广东人民出版社,2009,第2368—2375页及第2382—2383页。

② 吴志良、汤开建、金国平主编《澳门编年史 第五卷 民国时期(1912—1949)》,广东人民出版社,2009,第2413、2415—2417、2422页。

影响增强了爱国团结的信念,也在参与中壮大了自己。

教育会成立后面对的是一个相当落后的教育状况。据1921年澳葡政府公布:全澳中小学共125所。学生总数5477人,其中男生3970人,女生1507人。[①]系列数字呈现以下的特点。

## (一)私立学校占比极重

华人子弟进入官立学校的向来不多,这既是澳门百年的常态,也是世界罕有的特殊现象。原因有二:

其一,与澳门中葡人口比例的悬殊有关。到1910年2月,葡国强占澳门已超过半个世纪,而澳门人口74866人中,葡人只占4.7%,只有3526人。[②]1920年澳门政府人口普查,全澳人口上升到84011人。[③]1937年5月,当时已有一批上海葡侨因上海战事逃难到了澳门,葡籍人口增至21174,但葡人也仅占全澳总人口不到10%,是历史最高纪录了,可见在澳门的葡人从来未超过十分之一。

其二,华人家长始终不接受官校的课程设置,尤其是按葡制不教英语而必修葡语。由于英语是升学和就业两者所必需,葡语的使用范围小得很,而且并非先进地区使用的外语,官校师资又参差不齐,学生留级率高,毕业后只能当低级公务员。从实用价值考虑,家长主张子弟学习英语。澳葡的殖民主义政策是,教育经费只用于教授葡语的官校,私校教授葡语的才有一些津贴,否则政府就不给分文。但家长宁可自己承担私校的学费,也不选读官校。

因此,澳门有不少义学,或由社团补贴经费办的低收费学校,或以救济失学儿童为目的的半义学,这也是全澳教师待遇普遍偏低、学校设备简陋、专上教育发展迟缓的主因。关心会员疾苦,改善全体教师待遇,成为中华教育会大半个世纪的主要任务。当年,在祖国内地、澳门都很艰难的岁月中,中华教育会虽尽力扭转教育工作者"唔穷唔教学"的宿命,效益却有限。

---

[①] 刘羡冰:《世纪留痕——二十世纪澳门教育大事志(增订版)》,澳门出版协会,2010,第73页。

[②] 吴志良、汤开建、金国平主编《澳门编年史 第四卷 清后期(1845—1911)》,广东人民出版社,2009,第2178页。

[③] 吴志良、汤开建、金国平主编《澳门编年史 第五卷 民国时期(1912—1949)》,广东人民出版社,2009,第2559页。

### (二)澳门学校大多数规模很小

当年,平均一校不足44人,其中不少实质仍是封建的私塾,只为跟随形势而改为学堂,例如陶瑞云学塾易名瑞云小学,萧莲舫学塾易名莲舫小学。另外,1915年,澳葡政府接受华人的意见,男女同校只限于十二岁以下,十二岁以上的必须分设男女校。① 这是造成学校规模小的另一原因。

### (三)女子教育处于起步阶段

当年全澳在校学生男生占73%,女生占27%。康有为弟子陈子褒在维新运动失败后到日本考察教育,1899年来澳门办子褒学塾,1903年即率先招收女生,是澳门学校最早招女生的纪录。② 这也说明澳门教育具有先进性,可惜只是个别的。于当年华人社会中,男尊女卑的封建意识仍重,所以女童的入学机会仍然较少。

图3-1 陈子褒

## 三、澳门教育会成立后的工作

### (一)促进当地华人教育的发展

#### 1.教育界推动新校开办

澳门教育会成立之后,秉承促进当地教育发展的宗旨,大力推动华人兴学育才。1920年秋,评议员梁彦明协助莲峰庙值理会在庙内创办莲峰男义校,招收附近渔民、蚬民子弟,由于这些儿童上午必须随父母到海边工作,因此,该校于下午工余时间上课,适应现实。梁校长还选派自己的学生、后留校任教的郭辉堂当创校校长。③

---

① 刘羡冰:《世纪留痕——二十世纪澳门教育大事志(增订版)》,澳门出版协会,2010,第69页。
② 刘羡冰:《澳门教育史》,人民教育出版社,1999,第32页。
③ 刘羡冰:《世纪留痕——二十世纪澳门教育大事志(增订版)》,澳门出版协会,2010,第72页。

教育会第一任会长刘雅觉神父,深感澳门南区仍有不少适龄儿童失学,与崔诺枝、李雄恩、谭国材、李美樵等教友合力,组织"华童教育会",发动热心教友捐献,在望德堂区兴建校舍,1923年创办天主教公教学校,刘雅觉亲任校长,收容望德堂区学童。①

以上两校是教育会和教育界人士努力办成的、低收费的小学。

1923年陈公善先生在下环陈乐巷创办陶英小学,向中国侨务委员会立案,按新教育方针办学。该校重视体育,培养了不少乒乓好手,有"乒乓少林寺"的美誉。全面抗战期间曾以乒乓球义赛筹款支持前线。②

**2. 慈善团体热心扩校、办校**

1923年8月,镜湖医院深感开始于1919年的学徒式护士培训已不符时代的要求,开始走向正规化,正式成立"镜湖高级护士学校"于医院内。采西式专业培训课程,两年后,即按照中华护士学会制定的全国护士训练标准,改为三年制进行教学与培训,开启了澳门西式的、正规的护士教育史的第一章。由以下八位具专业资格及临床经验的医生及资深的毕业护士任教:陆镜辉、赵振东、余雅阁、彭瑶之、彭伟田、李汉凤、李传堂、吴冠琰。首任校长黄耀坚建树良多。③

1924年7月,华人慈善团体同善堂开办同善堂贫民义学,学杂费全免,设在该会新址后座,初由塾师教授十多名男童尺牍、珠算、书法,以及《三字经》《百家姓》和《千字文》,目标为为贫家子弟增加谋生本领,为社会扫除文盲。④

1924年9月,华商萧瀛洲、冯作霖、许祥等看到社会上不少贫民子弟失学,将成为文盲,于是发动沿门劝捐,义演粤剧筹款,先后在打缆地、蛾眉街、石街、石敢当、雀仔园、白灰街、麻子街开办平民义学七所,晚上再办女子夜校。⑤

1928年福建漳州、泉州两同乡会在妈阁庙内设漳泉义学,专供福建两同乡会子弟就读。⑥

---

① 刘羡冰:《毋忘战祸——抗日胜利七十周年散记》,澳门理工学院,2017,第236页。
② 刘羡冰:《世纪留痕——二十世纪澳门教育大事志(增订版)》,澳门出版协会,2010,第74页。
③ 刘羡冰:《澳门教育史》,人民教育出版社,1999,第163-164页。
④ 刘羡冰:《世纪留痕——二十世纪澳门教育大事志(增订版)》,澳门出版协会,2010,第74-75页。
⑤ 刘羡冰:《澳门教育史》,人民教育出版社,1999,第101页。
⑥ 刘羡冰:《世纪留痕——二十世纪澳门教育大事志(增订版)》,澳门出版协会,2010,第76页。

### 3. 内地迁来的学校

吴寄梦女士在珠海办学颇得家长肯定。1923年迁来办励群女子小学,租用工匠街七号为校舍。[①]

1925年廖奉基、谭绮文两位在广州创办粤华中学。因政局动荡,1928年从广州迁来,租用得胜马路16号为校舍。廖奉基校长大学毕业于美国。得其母校、大学校友以及广州岭南大学捐助,校务得以发展。粤华中学是当年澳门唯一的中文完全中学,其他仅办至初中。[②]

根据1932年澳门年鉴,澳葡政府公布:全澳中小学共97所,官校4所,私校93所,其中4所是教会学校,另有一葡文私校。学生总数增至7953人,其中男生5838人,占73.4%,女生2115人,占26.6%。[③]

图3-2　廖奉基校长

图3-3　粤华中学毕业生合照

从1921年和1932年政府公布的两组教育统计数字,我们可以看到,澳门教育会初建的11年间,澳门教育确随人口的增加而有较大发展,学生人数增加了45%,学校的规模也稍有增大,从平均不足44人,增加至80人。在平民教育方面的成绩更为明显。在从封建教育向近代教育转型的过程中,既有教育会的推动,也有热心华人的力量,更有政治形势的影响。可是,以当年人口约12万计,学生总数只占6.6%,文化教育实仍处于相当低的水平。

---

[①] 刘羡冰:《世纪留痕——二十世纪澳门教育大事志(增订版)》,澳门出版协会,2010,第74页。
[②] 刘羡冰:《世纪留痕——二十世纪澳门教育大事志(增订版)》,澳门出版协会,2010,第75页。
[③] 刘羡冰:《世纪留痕——二十世纪澳门教育大事志(增订版)》,澳门出版协会,2010,第77页。

## (二)教育会的政治立场和社会功能

澳门教育会成立后,除推动教育发展之外,日常会务情况记录不多,发现的数条史料均为外地旧报刊中记载的社会大事。尽管如此,也能从中发现初始的十年,澳门中华教育会以坚定的爱国立场,和其他华人团体一道,积极推动澳门的爱国团结事业,呼应祖国的爱国进步政治活动,在推动社会教育方面发挥积极作用。事实说明,教育会建立的初衷在逐步实现,并以身作则,教育学生,培养下一代的爱祖国、传承中华文化传统的精神。

### 1. 组织三千人国耻大游行,轰动港澳

1922年5月10日,香港《华字日报》报道:1922年5月7日澳门教育会函约各校参与联合大巡行。发动全澳官、私校二十所,师生三千人,组成浩浩荡荡的澳门学界国耻大游行队伍,声势浩大,情绪激昂,轰动港澳。[①]

图3-4 1922年5月10日香港《华字日报》澳门新闻

教育会此举一方面响应祖国人民,为声讨袁世凯接受日本"二十一条"卖国行动(七周年),唤醒国民毋忘国耻;另一方面对澳门学生进行深刻的爱国教育,理解祖国正处危难之中,澳门青少年不但要继承"家事、国事、天下事,事事关心"的优良传统精神,还要身体力行,参与宣传动员广大群众的实际行动,以弘扬爱国主义,积累爱国力量。当年小城学生仅五六千,教师数百,能组织全澳

---

① 刘羡冰:《世纪留痕——二十世纪澳门教育大事志(增订版)》,澳门出版协会,2010,第73页。

三千人上街,实在令人振奋。"轰动港澳"这四个字,是香港记者所加的定语,是对这次活动的肯定和赞扬,也体现出澳门教育会成立仅两年,在教育界过往的努力基础上,继续努力,已有相当的影响力。也说明新的领导班子的爱国立场的一致。更说明澳门青少年的爱国光荣传统之叶茂根深。

### 2. "五二九惨案"经历第一场政治大风暴

20世纪20年代初,在全国工人运动的推动下,港澳工运勃兴,澳门各行业组成六十多个工会。1922年5月1日,澳门联合总工会组织了澳门历史上首次庆祝五一劳动节大规模的集会游行活动,颇见声势,连澳门葡督也认为澳门庆祝劳动节比广州和香港更热闹。[①]

5月28日,因一非洲籍葡兵白日在新马路当街调戏华人妇女,三位理发工人挺身维护,与葡兵发生冲突。葡警却逮捕见义勇为的理发工人,点燃了华人长期积压的怒火。当日有数百华人包围白眼塘警署(又称捷成警署),要求释放三位被捕工人,引致警察开枪,路人一死多伤,酿成空前血案。华人更为激愤,理发工会代表到场要求释放工人。政府不理会,坚持第二天审讯,并电召步兵增援。不少工会会址就设在附近的新马路一带,如相辉工会、广义建筑工会、百货工业联爱会、摩托车工会澳门支部、泥水工会、联义洗衣工业工会和理发工学社等等,又有同盟会员和工运领袖从中发挥作用,结果群众很快聚集数千,封锁交通,禁止向葡军警送饮食者通过。

5月29日上午10时,聚集工人过万,手执各工会旗帜。葡方派兵从码头登岸换防,又引起冲突。军人开枪杀人,把尸体用船运走,扔进大海。死伤人数人言人殊。香港《华字日报》1922年6月5日报道,据后来有心人从医院探得,被枪杀的约80名。他们收殓的死者41名,伤者11名,此数大致合理。事件轰动全国,史称"五二九惨案"。5月30日由华商总会与联合总工会联合发起,迅即实现全城的联合大罢工、大罢市。

澳葡政府与港英政府均对当时中国工人运动的高潮十分关注。因已影响港澳两地,澳葡政府想利用这个机会把澳门工运压下去。5月30日,澳督施利

---

[①] 费成康:《澳门四百年》,上海人民出版社,1988,第410页;吴志良、汤开建、金国平主编《澳门学习编年史 第五卷》,广东人民出版社,第2367页。

华出重手,宣布68个参加罢工、罢市的工会为非法组织,一律解散。此举更激起全澳同胞与广东民众的同仇敌忾,反迫害声势更浩大。逾万人在前山广场追悼死难同胞,出版《哀思录》,再引发收回澳门的呼声。在以广东为首的全国各地同胞的声援中,数以万计的澳门人返回内地,仅留不足十分之一。6月2日香港《华字日报》载:澳门顿成萧条之状。很快澳门变成一个空城、死城、臭城。全国同胞纷纷要求广东政府收回澳门![1]矛盾迅速升级,澳葡政府6月27曾颁254号札谕,宣布所有宪法上人民权利一律恢复,态度有所改变。但由于中国的政局不稳,内争不断,特别是6月15日发生陈炯明炮轰观音山总统府,欲置临时大总统孙中山于死地。葡方强硬派又有想法,双方僵持三个月。一直拖到11月,才在华商斡旋下,由中方人士捐款和葡慈善团体资助,最后解决了抚恤问题。[2]澳门人从中体会到了祖国的强大与统一的重要性。

### 3.组织七八千学生敬悼孙中山先生

1925年3月12日,孙中山先生因操劳过度在北京逝世,全国各地均沉痛哀悼。

孙中山先生与澳门的关系十分密切。孙先生的父亲曾在澳门工作,他自小熟悉澳门,他少年出国经过澳门,在香港学医,假期在澳门和挚友畅谈时事。毕业后成为澳门镜湖医院首位西医。在澳门有关孙中山先生和辛亥革命的遗址,已知道的有22处,有待调查的还有5处,今天澳门还有他四座立像。近年政府修建开放的中西药局遗址就是他从事秘密革命活动的首站。澳门也是他安顿家眷的地方,孙先生的原配卢慕贞和女儿长期居澳,孙先生亲兄孙眉也在澳门度晚年,他们把澳门视为第二故乡。所以澳门人对孙先生十分崇敬而亲切。

3月29日,澳门各界人士假镜湖医院礼堂举行追悼会。上午11时50分开始,由孙中山生前好友杨鹤龄主祭,居民二万人亲临哀悼。教育会发动各校组织前去悼念的学生多达七八千人。又在镜湖学校操场设立演讲场,致祭毕者自愿由招待员指引到操场听讲。该演讲会由澳门教育会负责,由梁彦明、区建邦

---

[1] 吴志良、汤开建、金国平主编《澳门编年史 第五卷 民国时期(1912—1949)》,广东人民出版社,2009,第2374页。

[2] 吴志良、汤开建、金国平主编《澳门编年史 第五卷 民国时期(1912—1949)》,广东人民出版社,2009,第2383页。

等讲述孙文学说，听者也达数千人。[①]

从当年参加追悼的居民和学生数量，既可看出孙中山先生深受澳门同胞敬仰，又可看出澳门教育界坚定的爱国立场以及社会影响和组织能力。此次爱国行动引致澳葡政府对华人社团和学校进行更多的监视和限制。中华教育会计划每年10月10日均召集各校在镜湖学校操场举行集会。1925年9月下旬警察厅即开始劝止了该年的集会，并提出“勿令各校学生列队游行”，各校非常愤怒，但又难以抗拒，只得各就原校庆祝。[②]

### 4.以实际行动强烈谴责日军济南大屠杀

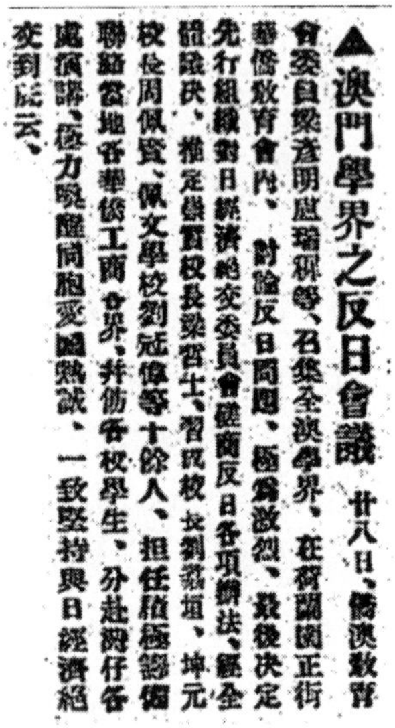
▲澳門學界之反日會議 廿八日、僑澳教育會委員梁彥明盧瑞琛等、召集全澳學界、在荷蘭園正街華僑教育會內、討論反日問題、極爲激烈、最後決定先行組織對日經濟絕交委員會磋商反日各項辦法、經全體議決、推定崇實校長梁彥明、習成校長劉紫垣、坤元校長周佩賢、佩文學校劉冠偉等十餘人、担任籌備聯絡當地各華僑工商各界、并飭各校學生、分赴灣仔各處演講、極力喚醒同胞愛國熱誠、一致堅持與日經濟絕交到底云、

图3-5 1928年5月31日《香港工商日报》报道

1928年5月3日，发生了日本帝国主义出兵山东济南的事件，日本不但阻挡国民党军北伐，还大肆屠杀中国军民，造成“济南血案”。消息传来，教育会同人极为愤慨，按一贯宗旨，研究如何再一次唤起民众，同心抗侮。在澳葡政府限制学生爱国活动，特别是禁止上街示威游行的情况下，5月28日梁彦明等召集全澳学界在荷兰园正街举行会议，会上大家激烈谴责日本侵略者的暴行，新闻报道标题称其为反日会议。会上决议首先组织对日经济绝交委员会，继续磋商各项反日办法；后经全体议决由崇实校长梁彦明、习成校长刘紫垣、坤元校长周佩贤、佩文学校刘冠伟等十余人担任委员。随即筹备联络全澳各界人士，特别是经济上影响较大的工商界，争取联合行动在经济上抵制日货。并一如既往，教育学生，发扬爱国团结的光荣传统，组织师生周日分别去湾仔和附近四乡，宣讲日本侵略者在济南屠杀中国同胞的残暴行径，激发国人的爱国热忱。

① 吴志良、汤开建、金国平主编《澳门编年史 第五卷 民国时期（1912—1949）》，广东人民出版社，2009，第2413页。

② 吴志良、汤开建、金国平主编《澳门编年史 第五卷 民国时期（1912—1949）》，广东人民出版社，2009，第2421页。

综观以上四事例,教育会在初创的十年,能与时俱进,以灵活有效的方式长期坚持对学生进行爱国反侵略的教育,没有辜负全国人民和澳门同胞的期望。

**5.澳葡政府的压制行动**

1926年5月28日澳葡政府下令驱逐国民党支部常务委员李君达出境,并传讯教育会会长兼国民党澳门支部委员梁彦明,国民党员傅子光、刘世斌,道明学校校长陈永康,习成学校校长刘紫垣等人,宣称李君达有"扰乱澳门治安行为",本应立即递解出境,姑念他是教育会职员,暂缓执行。又提出不准许他们参加五二九周年追悼活动和"援助被澳门政府驱逐华人救济会"。当天下午6时,警察厅派出中西警探多名,到道明学校搜查一个多小时之久,十分严厉。①实际是对各校长进行政治恐吓。在自己的国土上进行爱国教育却受压制的情形,是今天的青少年,甚至青年教师都想象不到的。本章有必要还原这段历史。

## 四、五二九惨案期间有无罢课?

在五二九惨案中,有一个非常值得探讨的问题,就是一直主动、坚决站稳爱国立场的澳门教育会,在这场空前的政治风暴中,扮演了什么角色?其中最大的疑问是:澳门学校有没有罢课?

笔者曾请教翻阅过大量中外档案的朋友,获悉在目前能够搜集到的有关五二九惨案的中外档案中,均未见有涉及教育范畴的内容。但在少数史家笔下,简单地在联合大罢工、罢市之后,出现"罢课"两字,而并无有关罢课具体情况的片言只字。另外一部分史书,则完全没有提及罢课,连学校、教师、学生也没涉及。

按当年之情和理,在民族抗争面前,从思想感情到立场和处境,澳门教育会绝不会袖手旁观;澳门教育界必然站在民族正义立场,同情被屠杀同胞,这一点毫无疑问,而且必然据此现实题材来教育青少年。况且史料记载的过程中的主要人物,如同盟会的谢英伯,与教育会梁彦明等长期同为同盟会会员,平常均有

---

① 吴志良、汤开建、金国平主编《澳门编年史 第五卷 民国时期(1912—1949)》,广东人民出版社,2009,第2434页。

交流,教育会与商会、工会经常联合发起政治行动。

在事发后两天立即罢工罢市是确实记录在中葡双方史料上的。但是,罢课作为中小学校的集体行动,必须通过教育界领导层的讨论,并做出决议,还必须与家长沟通。由于时间的关系,5月30日同时罢课的可能性是不大的,6月2日已有大量居民离开本地,很可能大部分学生也随家人离开澳门了一段时间。史料说明,至10月局势才基本平定,因此,其间可能不少学校也未能正常运作。在未有发掘确切史料之前,本文判断五二九惨案期间未有罢课的行动,但可以肯定的是,教育会与全澳师生均经历了这场空前的政治风暴,与十多万同胞一致对外。

## 五、小结

### (一)三件大事轰动港澳

1920年代,是澳门中华教育会成立后的前十年。教育会对内对外都诚心奉献,使小城教育增一股动力,三件大事轰动港澳。

### (二)第一次经历澳葡政府军警镇压

经历第一次全澳性的政治风暴,亲历殖民者的屠杀镇压,可以说,澳门教育工作者通过正反两面的亲身经历,又进一步体验到个人的命运、社团的命运是系于国家的兴衰的,师生的爱国情怀经受了群众的教育和形势的考验。

第四章

抗日烽火十四年

### 一、抗日创下澳门历史最壮丽的一章

从1931年9月18日到1945年8月15日是中国人民艰苦卓绝、牺牲巨大的抗日战争的13年又11个月。十多万澳门人,与祖国骨肉同胞患难与共,接纳内地和香港数以十万计的难民。全澳华人倾力支援前线,全城动员献金筹款超百次。大批热血青年学子投笔从戎,无论是正面战场还是敌后战场,澳门青年均成批志愿源源投入,国际战场的运输车队司机和军医护士都有澳门人的身影。澳门同胞与祖国人民心心相连,英雄辈出,无愧于祖国,写下了澳门历史最壮丽的一章。

1939年9月,葡萄牙政府为寻得生存空间,取得国际承认的政治中立地位,在澳门,采取与各方周旋的策略,其实一早就屈服于日本军国主义的淫威之下,澳门成为被日本骑劫了的中立区。澳门不准公开出现抗日的组织和活动,不准使用抗日的字眼,抗日组织只能称"救灾会";筹款支持抗日活动,只能称为"赈济兵灾";不准号召不买日本货物,只准用"抵制劣货"等字眼。1940年葡萄牙政府还允许日本在澳门设立领事馆,于是日本人在澳门成了太上皇。日方不但要葡政府取缔华人爱国团体一切活动,还要驱逐抗日人士,日本特务和汉奸先后按名单暗杀了多位抗日中坚。中山县官员赵亭华、广州军警名人何光荣、中华教育会会长梁彦明,均在澳门被暗杀。1943年初国民党中山官员林卓夫又被暗杀,1945年国民党抗日人士鲍嘉琪被暗杀……澳门一度成为黑暗的恐怖世界。日伪还利用特权把澳门变成掠夺中国资源和中国老百姓财富的一个据点。

就在这般恶劣的环境下,澳门人万众一心,不分贫富、不分男女、不分宗教信仰、不分党派和政治见解,真诚合作,一致抗日;僧侣尼姑、神父修女、水上流动的渔民、陆上的各业工人……都响应祖国的号召,出钱出力。更有不少人投身抗日洪流,英雄辈出,小城澳门一再掀起抗日救国的高潮。

广州和香港先后沦陷,大批难民涌入澳门,小城十多万人口,倾力接纳二三十万难民,人口一度多达三四十万。战火虽未燃及,但在救济难民工作中,在米价飞涨中,澳门饿殍遍地,一天饿死的最高纪录达四百人。澳门人深刻体会到了战祸的残酷,深刻理解了与祖国命运与共、血肉相连的关系,不但倾力救济难民,还全力救济失学学生,收养和医治孤儿病童。

中国抗战胜利,靠全民抗战!澳门的抗日活动,以社团组织为主力,也靠唤起民众,广泛动员同胞出钱出力。当年澳门号称四大社团——镜湖医院、同善堂、中华总商会和中华教育会,它们就是抗日的四根支柱,许多活动都是由这四根支柱联合发起和策划的。艰苦卓绝的十四年抗战,澳门同胞与祖国人民共赴国难,表现出空前的爱国热情,澳门人爱国团结的优良传统大大发扬,而且做出了巨大的牺牲和贡献,为澳门历史写下光辉的一页,留下珍贵的历史教材,成为珍贵的历史遗产。其中蕴藏的精神力量,必须一代代承传与发扬。

1913年成立的"旅澳华商总会"后正式定名为"澳门中华总商会"。这时期,澳门的报章和其他出版物上,可见许多华人团体的名称,都冠上"中华"两字了。1920年成立,并于1923年以"澳门教育会"在澳门政府立案的澳门中华教育会,也于1936年7月、1937年3月先后将会务送南京侨务委员会立案,仿照国内类似团体,也改为理监事制,并易名为"澳门中华教育会",取代了"澳门教育会"的原名。该会会章和一切档案文件均正名为"澳门中华教育会",并明确其简称为"教育会",取得"华侨教育会澳门分会"的合法地位。①

南京国民政府向来把港澳地区的华人,视为华侨,称为侨胞,华人开办的学校,称为侨校。中华人民共和国成立以后,认为港澳是中国自己的领土,华人在自己国土并非侨居外国,所以才一律不冠"侨"字,这是合理的,不是用字遣词的问题,是有国际法理依据的。

---

① 郑振伟:《1940年代的澳门教育》,中国社会科学出版社,2016,第204页。

澳门中华教育会从成立开始,已被社会称为澳门四大社团之一,特别在抗日战争期间,成为澳门学界,即全体师生的代表社团,在抗战宣教和救济失学两方面,发挥知识群体应有的社会职能。在不惜抛头颅、洒热血,奔赴前线作战的队伍里,澳门师生也是主力,而且起着积极带头的作用。十四年抗战期间,中华教育会在历史上写下了光辉的、无愧于时代的篇章,其贡献被社会充分肯定。

## 二、抗战前夕澳门的历史背景

### (一)九一八事变之前日本对中国的入侵

1874年日本借口护侨,侵占清朝属国琉球。

1894—1895年,甲午战争中国失败,清政府赔款额相当于日本四年多的税收总和,并被迫把台湾割让给日本。

1904年,日俄战争爆发,1905年俄败,日取得我国东北两大海港旅顺和大连。

1915年,日以最机密方式向袁世凯提出"二十一条"要求,企图把中国变为其殖民地。

1918年,第一次世界大战结束,日本企图攫取德国在中国山东的权益。

### (二)九一八事变前夕中国的内斗

1930年初,国民党内发生声势浩大的反蒋运动,双方动员140余万人,历时8个月,伤亡25万。当事人说:"战区之广,战祸之烈……中国数十年来之未有。此诚中国之浩劫,而中国国民党之奇痛。人民身家生命财产之损失,无从得详。"河南旱灾、匪患、兵灾灾民共1550万。豫东"战沟纵横,尸骨遍野,禾稼未收,房屋倒塌,十室十空,疾疫流行,满目凄凉"。[①]

1930年起,中国知识分子反对内斗,反对一党专政,纷纷组织自由大同盟、左翼作家联盟、马克思主义文艺研究会、文艺大众化研究会、国际文化研究会、

---

① 郭廷以:《近代中国史纲(第三版)》,格致出版社、上海人民出版社,2012,第406页。

社会科学家联盟、反帝大同盟等组织。①

1931年7月23蒋介石致电张学良称"以平定内乱为第一",并通电全国,宣布"攘外必先安内"。②

1931年9月18日,日本关东军精心策划发动"九一八事变"。东北在一百天内全部沦陷。代理黑龙江主席马占山力战七日不敌。一连数月,年轻一代反对内战,示威抗议要求蒋介石下台,蒋于12月15日下野,林森暂任政府主席。

## 三、教育界从9月19日开始投身抗日事务

1931年9月18日,日军突袭沈阳城。日本军国主义要灭我中华的野心毕露。次日即9月19日,所有华文报章均头版头条及时报道了此事件,还有"号外",揭露日本的侵略行径,唤起民众觉醒,号召国人团结奋起,同心抵抗。③此事立即引起澳门社会重视。因而可以肯定,澳门新闻界参与抗日工作是从九一八事变当晚开始的,而澳门教育界则是从翌日清晨开始,一马当先,自动自觉向群众宣传。本澳粤华、崇实、尚志等中学,宏汉、镜湖、孔教、蔡高等小学纷纷举行周会、时事会,向学生宣讲事变真相。这些学校中大多数教师是中华教育会的成员,崇实中学校长梁彦明正是该会创会成员,而且在抗日救亡活动中,自始至终在澳门起着模范带头的作用,为此1942年为日本汉奸暗杀而牺牲。

宏汉小学校长郑谷诒,是康有为的学生,曾任康梁在澳办的《知新报》的主编,康的另外两位来澳办学的弟子陈子褒、卢湘父,均继承康有为万木草堂的教育方针,重视历史教育,三人在澳都自编教材——包括历史教材,以贯彻维新救国思想,发挥了现代历史教育的综合功能:对华夏民族的认同、儒家传统的承传、华人的思维模式的延续以及维新思想的传播都起到了重要作用,为新一代精神发育提供了积极的养分。九一八事变后,郑谷诒奋笔疾书,写了一篇《致义勇军书》,爱国情绪激昂,铿锵有力,要求全校学生均能背诵。北京学者盛永华认为,该文可作为全国中学教材课文,以进行爱国传统教育。

---

① 郭廷以:《近代中国史纲(第三版)》,格致出版社、上海人民出版社,2012,第442页。
② 郭廷以:《近代中国史纲(第三版)》,格致出版社、上海人民出版社,2012,第420页。
③ 刘羡冰:《世纪留痕——二十世纪澳门教育大事志(增订版)》,澳门出版协会,2010,第76页。

> **致义勇军书**[①]
>
> 前敌将士钧鉴：
>
> 　　国家不幸，倭寇鸱张，迭失长城，热河又陷，寇深矣，可奈何！窃思热河要塞，为关内外咽喉，此地一失，与东三省联络隔断，义军便孤立无援，而敌骑又可长驱南下，平津一带，立见蹂躏于铁蹄。北省沦亡，南京曷保？引领燕云，不禁叹息。弃城逃遁之汤玉麟，万死不足以蔽其辜。唯是敌氛虽恶，国难可纾。昔齐困于燕，连失七十余城，田单以二城之兵，顷刻收复。诸君子热心壮志，义薄云天，誓不与倭寇共生，定有非常伟划。务望力排艰险，互相激励，驱彼丑虏，还我河山！与其为奴于木屐儿，不如作鬼雄于沙场上。凡有血气应抱此心，同仁远处天南，愧未能出身相助，惟对于有神益战务者，如募捐宣传之事，自当尽力服务，以尽微劳。若饱食安居，视同隔岸观火，则同仁之罪，亦为汤玉麟之第二也。祸已燃眉，义无反顾，饮泣相告，幸垂鉴之。
>
> 此颂
>
> 　　义安！
>
> 澳门宏汉学校全体学生上<br>一九三一年九月

## 四、澳门华人社团怒吼第一声

### (一) 八千人的阖澳华侨筹赈东北兵灾慈善会

该会由当年澳门知名人士发起于九一八事变两个多月后的11月27日。由于准备参加的人数逾万，澳门没有可容纳的会场，结果改假澳门内港对海属今珠海湾仔的广善药局举行，开成一个空前的、爱国团结的大会，为澳门同胞抗日业绩谱写了振奋人心的一章。1932年葡萄牙宣称在第二次世界大战取得中立地位，在此前后，均不准本澳社团报刊使用抗日、日货、日寇等字眼。因此，该会一直以赈救兵灾命名。1932年1月28日淞沪战争爆发，该会更大力发动筹款支持，2月9日第四次执行委员会会议，决定更会名为"澳门筹赈兵灾慈善会"。

---

[①] 郑谷诒作，笔者据当年学生冯中先生记忆整理。

图 4-1　阖澳华侨筹赈东北兵灾慈善会全体委员、职员合照

### 1. 1931年的动员能力和组织实力

距九一八事变发生仅两个多月,当年人口约十五万的澳门,能如此广泛深入地动员万名各阶层人士(即人口的十五分之一)渡海参加集会,在澳门是空前壮举,在全国也罕见,这确足以说明澳门同胞的爱国事业的根基和当年的社会动员能力。凡参加者需乘快艇渡海,大会租用全澳快艇,黄球先生用小火轮电船拖带盘艇来往。当日在开会后一小时,码头候船赴会者仍无数,其踊跃程度可见一斑。

从成立大会公推的主席团成员,我们可见参与者代表性的重要和广泛:范洁朋(代表镜湖医院)、陆翼南(代表同善堂)、黄叔平(代表商会)、苏菊庵(代表教育会)、杜辉汉(澳葡政府承认的华人代表)、周藻(代表各界抗日救国会)、梁彦明(代表中国国民党党部)、李瑞秋(代表湾仔乡公所)、李炽南(代表湾仔商会)。

会前会后均有大量热心人士和工商业机构响应号召积极捐献,更涌现不少动人事例。范洁朋、黄叔平、李汉池、梁作朋和陈燕庭五位出发前各认捐西纸五千,一个月后五人均再加五千;源源公司和濠兴娱乐场(澳门赌场一律称为娱乐场)的全体职员出发前认捐半个月薪水,镜湖医院医生和护士也捐出半月薪金,不少岐关车路公司职员一次捐出全月薪金。参加大会者纷纷慷慨捐款,甚至妓院姑娘也不甘人后,其中一位当场捐出五件名贵首饰,包括钻石和翡翠……会上还通过组织会后沿门劝捐队的决定,研究多种形式筹募以及长期认捐办法,以表澳门同胞坚决抗侮、支持抗战到底的意志。当时澳门的《新声报》《平民报》《民生报》《澳门时报》及1932年11月成立的《朝阳日报》等几家中文报纸都积极跟进报道。

### 2.国难当头匹夫有责的主人翁精神

当年澳门经济并不发达,只有神香、炮竹、火柴等手工业和传统的渔业。工人生活清苦,但参加按月长期捐薪活动却十分踊跃。当时澳门计有金饰全行22家、粥晏全行24家、洗西衣全行38家、鞋业全行64家、茶烟室全行(即鸦片烟馆)61家、疋头(布匹店)36家、理发55家、全澳花界(即妓寨)共133家……以及番摊(即赌馆)、鲜鱼、火柴、戏院、茶楼、西菜、中药、牲口等行业,还有各大戏院、保血公司(蚊香业)、电灯公司、洋务行、南北行、平和堂、宏育堂等东西家(东家即雇主,西家即雇员),均自愿长期按月捐款。而且有专人负责,按月将捐款集中存入银号。捐款除汇东北马占山部队抗日外,还寄上海十九路军。因为1932年1月28晚,日军挑起淞沪战事,十九路军奋起抵抗。长期捐款也注明,直到沪难停息为止。图4-2所示的刊于《华侨报》的理发行按月捐款集中广东银号转汇的记录可作佐证。

仅从支持抗战的第一个高潮可见,自1931年9月18日开始澳门同胞已经自觉投入抗日救亡的伟大事业中,在两个月内,全澳同胞已经组织起来,做出长期支持抗战的行动。其意义正说明,长期在外族管治下,澳门同胞体会到要保家必须卫国,已觉醒到个人命运实在是和祖国兴衰系在一起的。

图4-2　1938年6月24日澳门《华侨报》

## (二)互相激励,与抗日战士心心相连

筹赈兵灾慈善会代表全澳同胞接连把捐款汇出后,先后收到黑龙江马占山、北平海陆空军副司令张学良、上海救济会张荣浦来电致谢。特别是十九路军蒋光鼐和蔡廷锴将军三次复电表达谢忱,蔡廷锴将军还于1932年7月6日亲临澳门致谢,受到全澳同胞热烈欢迎。

第四章 抗日烽火十四年

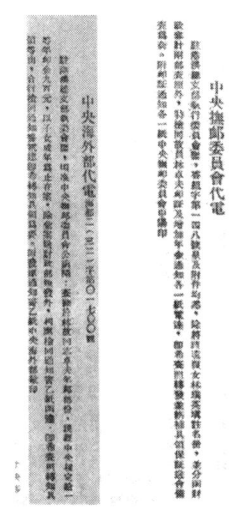 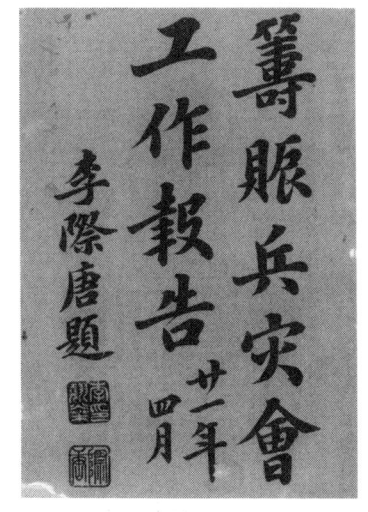

图4-3 十九路军收款后回电　　图4-4 1932年4月报告书

## (三)教育界担当宣传和策划角色

### 1.救亡宣传教育贯彻全程

中华教育会始终发挥爱国知识分子群体先进的、积极的作用。九一八事变,1932年淞沪会战和1935年北平学生要求停止内战的一二·九运动,教育会均紧密配合以教育学生。不少学生把口号"毋忘国耻""读书救国"等张贴在教室内,刻在木制或竹制的文具上。特别是多校教师一如既往地组织学生参与宣讲"抵制劣货"(即日货)、爱用国货的全城活动,甚至周日到邻近农村进行宣传,使日货在澳门的销量一落千丈。

### 2.发动学生融入抗日洪流,茁壮成长

从1932到1936年,在澳门以捐献和宣传两大任务为主的抗日工作中,中华教育会是主力社团之一。教育会当年的主要负责人梁彦明,还是筹赈兵灾慈善会的主要策划者之一,多位教育会的骨干分子也在会中承担宣传和大会司仪工作。教育会的主要会务就是围绕这两大任务发动会员积极参与。

教育会的骨干分子会后还参与沿门劝捐,特别又在各校发动师生捐款。笔者根据1932年《筹赈兵灾会工作报告》中列出的《学校师生踊跃捐款赈兵灾》一

文,整理出这次捐款的学校有:汉文、崇实、佩文、华侨、兰室、镜湖、振华英文、陶英、习成、星堂、利群、洁文、崇德、平民、允文、培育、惠清、尚实、林子荣、维基、进育、莲峰、又进、际唐、维德、励英、崇本和志道堂幼稚园等。其中兰室女校还有十个学生自捐后再向外捐款,崇实学校也先后捐款三次。

澳门百多年来在外族管治下,同胞体会到要保家必须卫国,已意识到个人命运实在是和祖国兴衰系在一起的。在此期间,澳葡政府对澳门华人的抗日活动加强监视,不但不敢得罪日本军方,对日伪也采讨好的态度,力求自保。社会形势虽存在压力,但澳门师生激情满腔,澳门青少年也在爱国同胞的团结合作和模范言行中,得到启发和锻炼,在这么一个大时代,获得了优质的成长养分。

## 五、七七事变,小城抗日活动高潮迭起

### (一)政治形势险恶,增添史页光辉

从1931年至1936年的五年间,澳门的抗日活动已打下坚实的基础,爱国教育如火如荼,别说澳门之外的人,不读澳门史的澳门新一代也大多想象不到当年的情形。1937年7月7日卢沟桥事变之后,澳门形势更为复杂险恶,大多数华人的生活更为艰困,但小城抗日活动却高潮迭起。用当年积极投身救亡工作的老报人陈大白先生的话说:"1937—1940年是澳门历史上最激动人心、具有独特历史意义的非凡年代……有颓废、灰暗的一面,更有朝气勃勃、进步向上的一面,是一个充满矛盾的社会综合体。"[1]

1937年7月7日,日军发动卢沟桥事变;1938年10月21日广州沦陷;1939年9月,第二次世界大战全面爆发;1941年1月,发生皖南事变;12月7日,日军突袭珍珠港;25日香港沦陷。

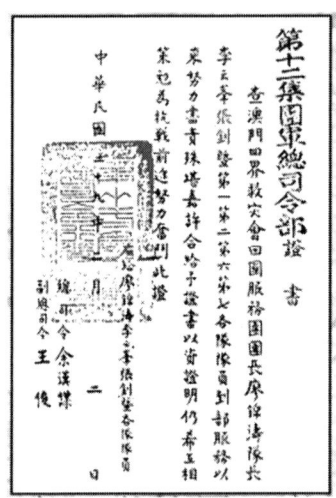

图4-5 余汉谋签署嘉奖廖锦涛、李云峰和张钊的证书

---

[1] 陈大白:《天明斋文集》,澳门历史学会,1995,第140页。

这些事件对澳门均有较大影响。澳门人口几度大增,据1939年《澳门游览指南》列出的校名,澳门学校已超120所。人口从十多万增至四十万,学生从七八千增到三万。所增加的人口,既有具有一定经济能力的逃难者,也有赤贫的难民。在此期间,澳门物价飞涨,粮食短缺,黑市白米涨价百倍,天天有人饿死在街头。

这期间,在国共合作一致抗日的政治形势下,南京政府通过侨委会、广东省政府推动澳门抗日救亡工作。共产党地下组织通过在澳门社会上公开活动的党员,特别是言行深得群众敬仰的党员如西医柯麟等,利用澳门的特殊地位购买及运输军用物资支持敌后战场;通过镜湖医院,营救文化名人;医治伤员和组织救护队支持游击区工作。岐关车路公司职员廖锦涛领导抗日,通过四界救灾会,组织11队160多男女青年分别到农村宣传和前线服务。小城人民以血浓于水的民族情怀救济难民,共赴国难。

柯麟(1901—1991) 1935年周恩来派他来澳一面行医,一面照顾叶挺将军全家。翌年10月即应邀任镜湖护士学校的义务教师及镜湖医院的义务医生。1944年开始兼任镜湖值理会总办事处主任及护士学校校长等多职,全力参加并领导医院抗战救国活动。发起成立并训练"澳门青年救护团"百多人奔赴死伤枕藉的灾区,救治伤员。鼓励护校毕业生到游击区服务,向游击区输送药物,并八次接纳和救治伤病的抗日战士,作家张天翼、于逢、东江纵队司令员曾生,也一度在镜湖医院养病。香港沦陷后,营救部分滞留的文化精英如范长江、梁漱溟、夏衍、金仲华、茅盾和蔡楚生夫妇等几十人,对医院和护校的革新和建设做出重要贡献。其人格魅力影响一代医护人员。

图4-6 柯麟像(画家姚丰绘)

图4-7 廖锦涛烈士

**廖锦涛**(1914—1941)　广东南海人,在广州大学就读时积极参与爱国进步活动,1936年在澳门岐关车路公司任职。先后组织读书小组、前锋剧社等宣传抗日。曾任四界救灾会理事兼宣传部副主任。后任四界救灾会回国服务团团长,先后动员组织并率领11队,160多人回到战区工作。他的妻子麦苇在女儿出生三个月即参加回国服务。连同两妹妹廖坚、廖明,一门四杰。

1941年第二次反共高潮期间,惨遭国民党顽固派余汉谋杀害。牺牲时仅27岁,留下了崇高的革命形象。

图4-8　四界救灾会欢送回国服务第二团,前右起第二人是张钊,即张阳

澳门的政治中立逐步被日伪骑劫了。1939年9月21日,华务局长施多尼召集华人社团代表徐伟卿、卢宣仲、梁彦明开会,表示政府对蒋、汪、日本均一体看待,要求华人社团不得举行抗日活动。1940年澳葡政府颁布法规,禁止民间开展公开的救亡活动和抗日宣传。1940年10月1日,日本在澳门设立了领事馆和特务机关,日军成为澳门的太上皇,澳门成为日寇在中国掠夺白银等战略物资的据点之一。日本特务机关勾结奸商,伙同汉奸黄公杰贩卖军火,大量走私,囤积粮油,无恶不作,频频暗杀其政敌和抗日领袖,最后连日本领事福井保光都被黄公杰杀了灭口!地方形势的复杂恶劣可见一斑。

另一方面,澳门又成为日军、汉奸走狗和发国难财者等败类的销金窝,社会经济出现一时畸形的繁荣。社会向两极分化,一面是纸醉金迷的罪恶渊薮,一面是同仇敌忾、前赴后继的救亡基地。

**(二)难民不断涌进,激发患难真情**

随着广州、中山特别是1941年底香港沦陷,澳门涌进大批难民,人口突然大幅增加,澳门人咬紧牙关,与同胞共度时艰。抗日救国组织如雨后春笋般涌现,由学术、音乐、戏剧和体育四个界别组成的四界救灾会于1937年8月12日成立。这个组织由有文化和专长的精英分子组成,组织活动最活跃。9月11日"中国妇女后援会澳门服务团"成立。9月中旬"旅澳中国青年乡村服务团"成立,半月后即到附近农村城镇进行宣传活动。9月份爱国新闻工作者组成"澳门新闻工作者联合会",大力推动民间抗日宣传。"救国公债澳门公会"接着成立,澳门同胞还踊跃购买各种救国公债。接着"澳门妇女慰劳会""花界救灾会"[①]"澳门救济难民会""澳门青年救护团"相继成立,发挥了各尽所能、点滴奉献的精神,推动一波波抗日高潮的出现。

七七事变后,集合全澳力量的、规模最大的、贡献最多的"澳门各界救灾会"宣告成立。后期官民又合组"澳门救济难民兼管理粮食委员会",全市名人组成"澳门居民粮食互助委员会",等等。这些组织初以卖花、卖旗、献金慰劳、写慰问信、游艺演出、女伶唱曲跳舞、各类埠际球赛等方式进行捐献和慰问前线,后期主要救济当地难民,发挥血浓于水、互相激励的作用,团结面不断扩大。1939年纪念八一三淞沪抗战两周年澳门各界救灾会主办献金运动,三天之内通过多种形式筹得善款折合国币十万元,创下历史纪录。9月3日至10月13日,全澳各行商举行了一次为期40天的义卖活动,各社团还通过举办游艺会、体育比赛、义演、义卖等方式筹款。澳门师生也倾情投入,中小学生在老师组织下,走上街头卖花、卖旗,小学生也参加"一仙(一分钱)救国捐款运动"。笔者当年是小学低年级学生,每天零用钱是四仙,在老师的教导下,也捐了出来。各校童子军负责会场秩序,从小培育爱国的责任感。从1937年到1940年三年多的时间里,澳门同胞共进行大小募捐活动100多次。艺术家参加书画义卖,粤剧、话

---

① 刘羡冰:《毋忘战祸——抗日胜利七十周年散记》,澳门理工学院,2017,第260页。

剧义演赈灾非常踊跃。①

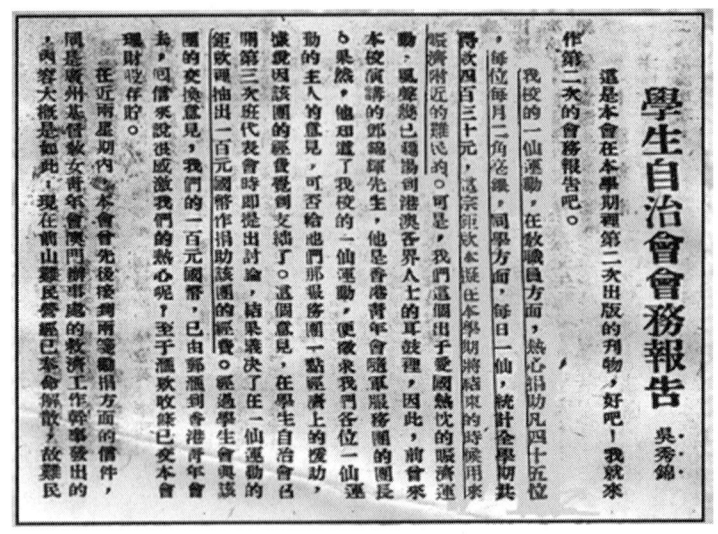

图4-9 发动学生捐助抗日的"一仙救国捐款运动"

### (三)一时人才荟萃齐放文艺百花

1937—1939年三年内广东各地名校十多所迁来,一时人才荟萃,名师云集,大大提高了抗战文化活动的数量与质量,缩短了澳门小城与其他地区的差距,澳门教育输入新血,面貌一新。

几年间,由于广东学校迁来,闻名岭南的教育家如张瑞权、谭维汉、陈道根、区茂泮、廖奉灵、黄启明、刘年祐、郭秉琦、沈芷芬、朱伯英、林范三,大批著名的教师如刘芙初、胡金昌、潘子湘、张兆驷、莫焕基、何宗颐、符俊、欧阳韶、黄漱石、蔡语村,以及曾当孙中山先生秘书的连声海都在澳门的中学任教。澳门一时名校林立,星光闪烁。这促使澳门学校的管理水平、教育水平、教学水平、设备水平均大大提高。全澳教育质量跃升,影响深远。②

---

① 陈大白:《天明斋文集》,澳门历史学会,1995,第140页。
② 刘羡冰:《澳门教育史》,人民教育出版社,1999,第17-18页。

表4-1　1937—1939年迁到澳门的中学[①]

| 年份 | 校名 | 校长 | 校址 | 备注 |
|---|---|---|---|---|
| 1937 | 总理故乡纪念中学 | 司徒优 | 白头马路 | 翌年10月戴恩赛任校长 |
|  | 岭南中学 | 何鸿平 | 白头马路 |  |
| 1938 | 执信中学 | 杨道仪 | 南湾 |  |
|  | 中德中学 | 郭秉琦 | 妈阁街10号 |  |
|  | 培英中学 | 区茂泮 | 望厦唐家花园 |  |
|  | 协和女子中学 | 廖奉灵 | 巴掌围，高楼下巷 |  |
|  | 洁芳女子中学 | 姚学修 | 下环龙头左巷 |  |
|  | 思思中学 | 李震 | 南湾 |  |
|  | 教忠中学 | 沈芷芬 | 妈阁街 |  |
|  | 广州大学附中 | （主任）谭维汉 | 白马行 |  |
|  | 越山中学 | 司徒优 | 白鸽巢前地 | 司徒优离纪中自办 |
|  | 培正中学 | 黄启明 | 贾伯乐提督街 |  |
|  | 广中中学 | 刘年祐 | 南湾 |  |
| 1939 | 知用中学 | 张瑞权 | 青洲英坭厂 |  |
|  | 中山联合中学 | 林卓夫（兼） |  |  |
|  | 南海联合中学 | 李兆福 |  |  |
|  | 省临中学 | 陈家骥 | 初迁湾仔后来澳门 |  |

参加本澳抗日活动的师生甚为普遍，四界救灾会十一名理事中，教育界有李哲夫（李桂森）、张铁柔（即张钊、张阳）和张志城三位。除名誉顾问梁彦明之外，陈公善、陆望明、龙帆荪、周筱真都参与组织工作。中葡官校教师崔瑞琛也是抗日中坚分子。[②]

张铁柔、梁惠民等教师后来还参加回乡服务团，张更因担任第二队队长时工作出色获嘉奖。

澳门教育界言传身教，共同开创了一个抗战文化教育的黄金年代。中小学

---

[①] 刘羡冰：《澳门教育史》，人民教育出版社，1999，第17页。

[②] 刘羡冰：《澳门教育史》，人民教育出版社，1999，第109-110页。

的作文、演讲、书法等比赛题目,选教的诗篇和歌曲,大多爱国励志;被誉为数学"四大天皇"的张兆驷老师除担课、补习之外,还当学生街头大合唱的指挥。国际知名的韦庆远教授当年在培正中学受梁寒淡老师的激发,13岁初中二年级即投笔从戎。不少进步的师生还想方设法支持游击区工作,如镜湖护士学校师生在校长柯麟的影响、教育和组织下,发起组织"澳门中国青年救护团"。柯麟医生亲自为学员传授战地救护知识,以便爱国青年奔赴战区服务,他通过镜湖医院秘密为游击区输送医护人员,还参与营救文化精英活动,做出了特殊的历史贡献。①

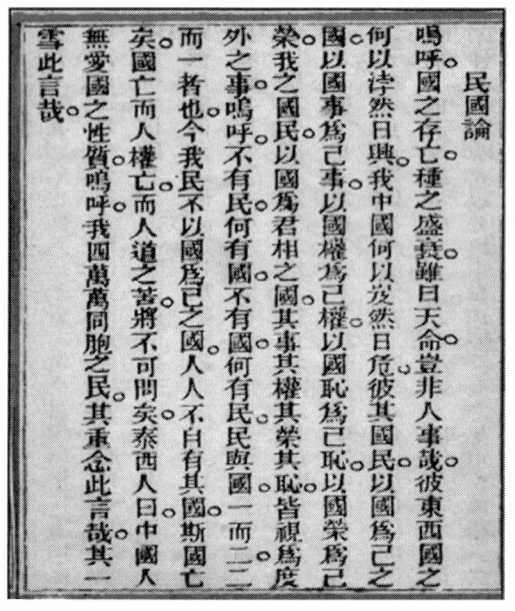

图4-10　抗日课本的课文

前锋剧社和培正师生的暴风剧社组织到外地宣传,演出《放下你的鞭子》《血洒卢沟桥》等抗日题材的剧目。"绿光""晓钟""前锋"等话剧社,上演抗战剧目,发挥了广泛深入教育群众的作用。

---

① 刘羡冰:《毋忘战祸——抗日胜利七十周年散记》,澳门理工学院,2017,第57-64页。

图4-11 培正中学师生的暴风剧社

全面抗战期间,澳门居民物质生活十分贫乏,但精神生活十分充实。在国共一致抗日期间,澳门各界不分政治立场,不分宗教信仰,不分社会阶层,不分男女老少,结成广泛的抗日统一战线。大量救亡工作中,不少学生参与,卖花卖旗、合唱合奏、维持会场秩序的主力都是学生。社团单位和朋友之间,推介阅读和赠送各种进步书刊,写上相互激励、一心报国的话。高层次的文化活动如读书和写作也一时蓬勃,在教师的指导下,"炎青读书会""起来读书会""晓光读书会""焚苦读书会""前哨读书会""密云读书会"先后成立。青年学生读艾思奇的《大众哲学》,斯诺的《西行漫记》和抗日杂志等。知行学校学生写了200多封慰问信,慰问前方将士……中学生、小学生在这种万众一心、抗日救亡的大环境中,思想成熟,情感升华。

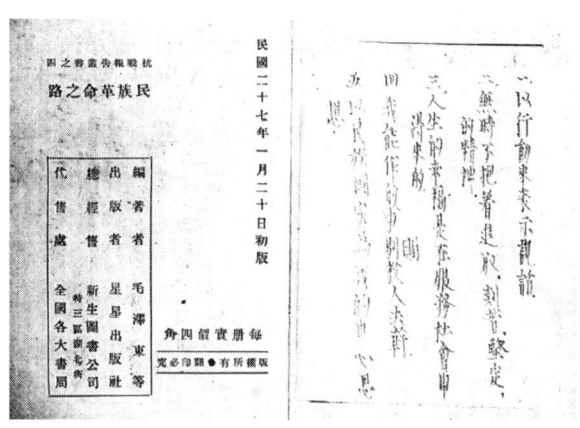

图4-12 抗战期间澳门青年学生写下的读书心得

### (四)日领事馆设立,日伪向文教伸进黑手

1940年10月1日,日本驻澳领事馆成立,澳葡政府实际已被日伪势力全面控制了,一切抗日活动被迫停止。1941年12月7日,日军偷袭珍珠港,25日占领香港。澳门又涌进十余万难民,其中葡人约三千。[1]1942年1月,澳门步入第一次粮食恐慌期。澳门各界全力投入救济饥民工作。1942年34所中小学停办,200教师失业;1943年,停办学校再增37所,教育界陷入最艰困时刻。而日伪在文教方面也伸进黑手,除暗杀政治人物和坚决抗日的人士之外,1942年,澳门出现日语学校,以物资奖励招收华人入读。[2]

大汉奸汪精卫屈从日方的欺诈,希望增加伪政权的影响,力争把迁来澳门的执信女中迁到沦陷区。执信女中创办于广州,为纪念孙中山先生的战友朱执信烈士而建,其妻杨道仪为校长。杨为文盲,与汉奸汪精卫是姻亲,受汪利用而决定把执信中学迁回广州,却遭大多数校内爱国师生的反对,教务主任陈道根与绝大部分师生不耻杨道仪的卖国行动,坚决反对并保护校具仪器。接着由曾任广东教育厅厅长的金曾澄接任校长,结果杨道仪仅得几人随行附伪,于1940年7月离开澳门。汪伪计划以失败告终。至12月金曾澄委任陈道根负责校务,直至1942年7月31日执信中学停办。[3]

粤华中学于1925年在广州创办,1928年迁来澳门,1933年获澳葡政府批地,成为澳门第一所三三制的男女同校的中文完全中学,在澳门颇具声誉,是当年仅有的有高中毕业生的名校。日伪占据香港后,希望利用廖校长在澳门社会的影响力,多次派员与廖校长接触。廖校长与当年大力支持粤华中学的一位学生家长,富商毕侣俭夫妇商议,决定1942年6月学年结束,把粤华中学转让给天主教鲍斯高慈幼会接办,自己返回内地。此举得到世人钦敬,也从另一侧面可见澳门教育界的爱国情操。[4]

---

[1] 刘羡冰:《世纪留痕——二十世纪澳门教育大事志(增订版)》,澳门出版协会,2010,第85页。
[2] 刘羡冰:《世纪留痕——二十世纪澳门教育大事志(增订版)》,澳门出版协会,2010,第84页。
[3] 盛光运、陈既诒向笔者口述。
[4] 毕侣俭夫人莫翰声向笔者证实。

## (五)教育会忠于本职,融入抗日洪流

### 1.抗日救国为首,兼顾教育事业的需要

尽管史料零散,但我们从以上全澳的抗日洪流中,从各项民间活动中,已经清晰地看到抗日活动处处有师生的身影和意志,看到中华教育会从中的策划和带头参与两大作用。澳门各界救灾会和四界救灾会是公认的领导全澳抗日救国的主力,其成员不少是中华教育会的会员。作为知识分子的团体,澳门中华教育会的会务,大部分融入与全澳同胞的合作中,并在合作中教育和锻炼自己的学生。特别是从内地迁来的十多所名校,其中绝大多数成为中华教育会的成员,参与和发挥更大作用。作为澳门唯一的教育工作者的团体,教育会的全体成员直接承担团结澳门教育界,促进全澳教育发展这一恒常任务。由于大敌当前,国人在浴血奋战,任何团体的会务均把抗战活动放在第一位,发动和组织成员融入全澳同胞团结自救、保家卫国的伟大事业中。教育会当然不例外,不忘初衷,兼顾本职工作。例如聘请中西医师为卫生顾问,保障会员健康,在1943年举行了中小学各科的教学研讨会,交流经验,提高教学质素。[1]

当年仍有一些学校每学期只向教员发5个月薪金,教育会曾去函各校,提请依法每学年向教师发12个月的教薪,尽力为教师争取合理权利。

在抗战的岁月中,教育会还如常组织师生的学术活动。于1944年12月17日举行学生书法比赛,共有17所中学50人、31所小学102人参加。1945年5月13日举办高中生论文比赛,也有12校参加。

特别值得一提的是在艰难岁月里仍不遗余力地在教师队伍中,在中小学生中推动国语(即普通话)运动。从1941年开始,教育会受"国语推行委员会"委托除推动各校开设国语、国音课程之外,还承担统筹全澳国语师资培训的工作。1941年,教育会举办了四期国语师资培训,参加的学员有270人,来自44校。之后又多次办班。[2]

---

[1] 郑振伟:《1940年代的澳门教育》,中国社会科学出版社,2016,第283页。
[2] 郑振伟:《1940年代的澳门教育》,中国社会科学出版社,2016,第223页。

### 2.代表全澳教师,联系澳葡管治当局

教育会第一任会长,热爱祖国的音乐家刘雅觉红衣主教,一如澳门华籍官员徐佩之,澳门商界的崔诺枝,新闻界的陈少伟,是社会上少有的既精通葡语,又具一定社会声望的人士,他们与澳葡政府官员直接沟通,从中化解了不少误会与矛盾。澳葡政府对华人私立学校的管理有严格规定,要求填报各式各样的表格。法令赋予政府教育部门对私校有巡视、考试及监督之权。教育会代表能派代表直接沟通。1944年,澳葡政府民政厅教育科要求全澳学校增设葡文课程,教育司司长还于10月24日召集全澳私校校长谈话,推动葡文科的设立。教育会负责人朱伯英在会上转述当天上午纪中校长戴恩赛谒见澳督戴思乐的情况,表达对政府该项要求的意见,希各校按不同情况处理,此事得到圆满解决。当年只得培正、协和两校实行,其他学校均持保留态度。①

1945年澳葡政府又规定教员必须向华视学氹仔会(即负责华人事务的政府机构的离岛分会)登记。由于该会华务部钟少卿为教育会1943年度候补监事,通过沟通,争取到当局答应灵活办理,1945年4月24日澳督批准:凡持教育会会员证者,手续简化。②可见教育会为会员甚至全澳私校教师提供了方便。

### 3.代表澳门师生沟通国民政府

澳门中华教育会作为全国华侨教育会的属会——澳门分会,执行全国抗战教育任务。教育会在抗日战争期间的领导人梁彦明校长,和1938年从广州迁来的中德中学校长郭秉琦,都能与国民政府教育部和侨委会直接沟通对话。教育会每年均负责综合国民政府教育部和澳葡政府的法定要求,编纂年度的学校校历(即年度行事历),分送各校执行;每年均为各校转呈公文,如转呈学校向侨委会立案申请的来往文件,转呈侨委会每届中小学毕业证书以加检印确认并存案。国难期间,侨委会在救济侨校师生和学校方面有一定的条例,教育会也承担转发任务。

---

① 郑振伟:《1940年代的澳门教育》,中国社会科学出版社,2016,第163页。
② 郑振伟:《1940年代的澳门教育》,中国社会科学出版社,2016,第153页。

### 4.直面残酷战祸,倾力救济师生

不可否认,在持久抗战的岁月里,澳门名为中立地方,师生虽可稍离战火,但仍有诸多难题,它们成为教育会在这一历史时期需逐一处理的特殊任务。

(1)救济失学难童,心系民族未来

在逃难的日子里,一般印象是连饭都没得吃,哪顾得读书?澳人却为了国家民族的未来,全力救济失学儿童。由于澳葡政府所有官校,法定葡语为必修科,不教英语,不能适应青少年升学就业的需要,也没足够合格的葡语教师。因此长期以来,家长不愿将子女送官校就读。澳门早有不少中文义学,收容贫民子弟。20世纪30年代初已有镜湖义学两所,平民义学七所,及同善堂义学,这些都是慈善团体所办的。另有莲峰庙、康公庙、包公庙、莲溪庙所办的义学和妈阁庙办的漳泉义学均属庙宇义学。还有私人办的李际唐义学和永存义学,佛教团体办的佛梵社义学、宝觉女子义学,坊会办的望厦坊会义学以及天主教会办的公进义学和无原罪工艺学校。这些义学虽设施简陋,规模很小,但承担了当地贫民的免费教育。义学如此之多是澳门人团结自救优良传统的反映。①

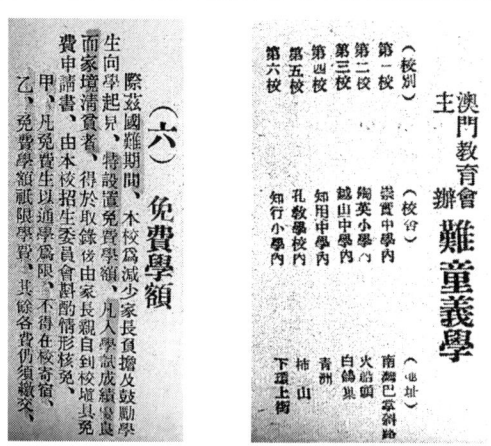

图4-13 教育团体和学校纷纷减免学费,救济失学儿童的资料

日本帝国主义侵华节节进迫,难民潮一波一波涌进小城澳门,特别是在1938年10月广州沦陷前后、1941年12月香港沦陷前后。大量涌入的难民中有不少付不起学费的适龄儿童。澳门学生从四千多增到三万。而原有义学入学

---

① 刘羡冰:《澳门教育史》,人民教育出版社,1999,第81-85页。

余额有限,因而救济失学儿童成为重大的社会难题。首先,中华教育会得广东赈济会支持办了六所义学,难童分别在崇实、陶英、越山、知用、孔教和知行学校傍晚上课。中德中学校长郭秉琦接受了中央赈济委员会津贴,在校内设一难民公学,收容130名难童;后接广东侨务处命令,扩收至300名。港澳赈济会也在广大、崇实、中山联中、越山和中德各收容百人左右的难童。1943年英国领事馆又假崇实校址设义学,收容香港公务员逃难在澳门的子女,两年内收600多人。① 目睹社会上街童将成文盲,中学生也感同身受,培正中学青年会率先借学校教室,于1939年在澳葡政府立案开办儿童夜校。1944年,协和、岭南、培英、培正、培道五校青年会也联合办小童义学,对象为擦鞋小童。②

其次,本地和迁来的私校普遍在校内设免费和半费学额,解决部分难题。例如1942年2月中德中学宣布免费学额,高中各年级提供10名,初中各年级提供5名;鲍斯高中学自小学五年级至高中一年级各提供免费学额5名;是年9月教忠中学提供高中三年级全免和半费学额各2名;广大附中初中三至高中各年级,提供全免学额2名,半费学额2名;崇实初中提供全免4名,半费20名……此外,澳葡政府和天主教会,也尽力救济回澳的上海葡侨和各地失学教徒。

难童义学的经费来源除国民政府和国际救援组织的少量支持之外,主要靠在澳教育界集腋成裘,各方捐助、义卖义演等。濠江中学于1942年办免费初中和妇女夜校,经费全靠募捐,美术教师何磊义卖他的画作,又请粤剧名伶廖侠怀的剧团义演。众多教师义教更是长期无声的奉献,也是最重要的保障。1944年2月高剑父和弟子曾义展八天,得三万八千元,全用于救济难童。3月他又举行"赈济难童餐书画展"。不让难童成为文盲,是义举,是20世纪下半叶人口素质的重要保证。③

(2)失业与饥荒,教育界共渡两大难关

1941年12月,香港难民十多万涌进澳门,澳门人口又跃升到历史高峰,但政治形势却越趋恶劣,如日本驻澳领事胁迫澳葡政府取缔一切抗日活动。日军加强对澳门的控制,封锁全部海岸线,让澳门成为一个孤岛,物价飞涨,民不聊

---

① 郑振伟:《1940年代的澳门教育》,中国社会科学出版社,2016,第85—86页。
② 郑振伟:《1940年代的澳门教育》,中国社会科学出版社,2016,第129—130页。
③ 郑振伟:《1940年代的澳门教育》,中国社会科学出版社,2016,第198—199页。

生。1942年1月出现全澳第一次大饥荒。大多数人家处于半饥半饱状态,吃杂粮、吃野菜、吃"神仙饭"(在米饭中加发胀剂)……这些笔者也曾尝遍。饥民到处抢食,饿殍满街,经常可见黑箱车把尸体倒进万人坑。日伪合流,还囤积居奇。1945年8月日本投降时,平均零售物价指数高出1937年7月2600倍。政府与慈善机构展开救济,还协助难民回乡,减少人口的压力,不少学校因此结束,教师失业,景况更困难。

图4-14 施粥处难民在排队等候

全澳市民在死亡线挣扎的时候,教师生活自然十分艰困。首先是有的教师为养家活口,晚上去拉黄包车,大部分教师每周上课40节,月薪却只有40元。有个别兼日夜校的教师甚至每周教60至70节![1]未经战祸的人,是无法想象这种苦况的!

教育会一再对教师加以救济。1942年教育会主动争取侨委会补助各校,以期共渡难关。1943年国民政府教育部拨款大洋20000,交澳门中华教育会救济教师。1944年侨委会拨款大洋20万予30所立案学校作为教师生活津贴也交教育会代理。[2]

1942年,澳葡政府成立"粮食统制委员会",实行"计口售粮",手续烦琐,甚至要排长龙轮候,笔者也曾随家人到望厦站队轮候。有些教师领了2月份的"购买粮食券",但2月13日仍未购得粮食,齐集中华教育会要求协助。由会长梁彦明连同陈基慈、刘雅觉一起向当局陈情,结果得到答复可以由陈基慈校长统筹各校教师根据家人总人数集体购买。(教育会也因该项工作需要,而增设以

---

[1] 郑振伟:《1940年代的澳门教育》,中国社会科学出版社,2016,第178页。
[2] 郑振伟:《1940年代的澳门教育》,中国社会科学出版社,2016,第188页。

学校为单位的团体会员,以利工作开展。这正是会章增加团体会员的开始)梁会长被暗杀后继任的朱伯英校长于1943年,又函请澳门政府为教师配给平价粮,获澳督承诺拨26包平价大米给教育界。当年统计618名私校教职员,每人得7斤4两。为此教育会专门成立"澳门中华教育会全澳教师粮食协助会"专责解决教师粮食问题,还致函"澳门居民粮食互助会",教育会全体成员又亲往该会恳请给予便利。1945年,粮食持续涨价,澳督戴思乐拟拨出平价大米照顾教师,邀请协和中学校长廖奉灵主其事。由于涉及全澳教师福利,廖校长转介中华教育会办理。朱伯英校长即召集全澳华人私校代表商讨,以公平普惠的精神处事,结果779位教师获得购米权。[①]

### (六)抗战苦难教育,喜见英雄辈出

教育社团和教师的业绩体现在学生的身上,看教出怎么样的一代接班人。抗战十四年,澳门社会充满正能量,各阶层均涌现无数好人好事,树立了鲜活的好榜样,是一个优质的社会教育环境。加上教育工作者的言传身教,带动学生投入抗日活动,以这些好人好事,激励学生从环境中学习模仿。尽管物质生活极其艰苦,社会又不乏罪恶的负能量,但学生接受大时代的洗礼,茁壮成长。

图4-15 梁彦明

**梁彦明** 1909年从广州来澳办崇实学校,1910年加入同盟会,成为中国国民党澳门负责人之一。1919年五四运动前后,他积极向师生宣传抵制日货,团结爱国。1920年参与筹备成立澳门中华教育会,任第一届评议员。1921年孙中山先生在广州临时大元帅府会见他,鼓励他"团结澳中革命分子,作非常政府之后盾"。1922年,他与中华教育会成员一道,组织三千师生的国耻大游行,轰动省港澳。1925年孙中山逝世,各界人士在镜湖医院举行追悼大会,两万参与者之中,师生占了八千,梁彦明校长应邀在会上演说,阐释三民主义。他一直坚决积极领导抗日工作,先后组织成立全澳性的知识界抗日组织,并积极领导救济失学及救济饥

---

① 郑振伟:《1940年代的澳门教育》,中国社会科学出版社,2016,第180-182页,第185-186页。

饿。日本侵略者对他恨之入骨，1942年12月24日日本人指使汉奸在澳门把这位坚贞不屈的中华教育会会长杀害。

**林耀血洒长空**　澳门中学生林耀、林毓恒、蔡志昌响应建设中国第一代空军的号召，投考空军，前两人血洒长空，为国捐躯。林耀1935年毅然放弃出国留学的机会。在当空军期间林耀英勇作战，屡立战功，在战斗中左臂曾受伤，后经刻苦锻炼，重上蓝天。梁从诫2002年为文《悼中国空军抗日英烈》，忆述当年英勇的中国第一代空军军人。林耀是其中最沉稳、很有思想、坚持战斗到最后的一个。

图4-16　林耀

图4-17　李福伍

**智勇双全李福伍**　结义堂武术教练李福伍化名李达，1931年奔赴上海，担任十九路军大刀队总教习，在一场黑夜肉搏战中，指挥大刀队与日军奋战，击退嚣张的日军，长了中国人民的志气。

**驼峰天使黄欢笑**　澳门女学生，香港玛丽医院高级护士班毕业后加入英国皇家护士学会。1941年她了解到美军飞虎队急需懂英语的护士，响应宋庆龄组织的"保卫中国同盟"组织的号召，几经辗转到了昆明为美国伤病员服务，成为唯一一个英语娴熟的护士，也是所在医院唯一的女护士。她被飞虎队称为驼峰天使。黄欢笑一直坚持到抗战胜利。

图4-18　黄欢笑

图4-19　梁铁

**三次出生入死的梁铁** 梁铁出生于澳门,圣罗撒女子中学学生,是中国共产党澳门地下组织澳门四界救灾会支部书记,作为救灾会第四分队队长率队加入部队抗日。救灾队的黎景尹、陈寿彭、陈曼、苏达文等先后在抗日战争中献出了宝贵的生命。她也三次濒临绝境,几乎被俘。1944年7月26日植地庄战斗中,15人被炸药包击中,只剩梁铁一人活着,全身是血。日军的弹片、铁砂长留在她身上。

**尽一己之力抗日的廖平子** 廖平子,同盟会会员,1938年贱卖桑田几十亩,组织农民抵御日伪,失败后于11月携眷避难到澳门,任汉文小学教师。他以一己之力,创办手书杂志《淹留》,以诗、画声讨日寇罪行,歌颂抗日英雄,激发国人奋起救国。曾获蔡元培订阅和赞助,称廖平子为"南国一诗人",赞《淹留》为"抗战史诗"。

图4-20　廖平子　　　　图4-21　刘雅觉

**爱国神父刘雅觉** 澳门天主教会首位华人红衣大司铎,公教义学创办人兼校长,澳门教育会首任会长,著名的作曲家、钢琴演奏家。1912年为振奋民心,为国家富强而翻译和引进《西乐快捷图解》西洋五线谱;1913年为香港胡礼垣《中华民国颂》歌词谱曲。1933年他曾在华邮轮钢琴上演奏一曲,旁人把他当作日本人而热烈鼓掌赞赏,他却高调当众宣称:"我是中国人!"刘神父还为两首抗日歌曲《向前冲》和《思亲》谱曲。

图4-22　一本纪念刊,标志国共合作,一致抗日

**青年救护团纪念刊** 这是澳门国共合作,一致抗日的见证。

地下共产党员柯麟发起组织训练澳门青年救护

团,由同盟会成员、国民党澳门支部常委梁彦明任副团长,柯麟为训练部长。

纪念刊由中山县县长张惠长题签,梁彦明作序,共产党员陈少陵开办的小小书店是报名处之一。

---

**澳门师生参加游击区确认的名单[①]**

中山纪中:陈衡葆、陈寿鹏、林毓恒、郑诚之、赖冠威、杨日璋、陈建中、李成俊、周福荣;

中德中学:徐永铿(徐疾)、郑汝钿、钱景麟、任惠莲、刘国模;

濠江中学:陈少陵、鲍华、区梦觉、郑少康、黄鞅;

培正中学:韦庆远、郑帝普、赵不屈、关英、钟铁坚;

镜湖护校:李铁、曾还、任艳华、朱碧;

崇实中学:刘光普、叶向荣;

圣罗撒女中:梁铁、黄欢笑(英文部);

圣若瑟:林枫(林锋)

镜湖小学:李甘泉、司徒诚

---

澳门师生投笔从戎,慷慨捐躯的感人故事还有:

纪中教师陈衡葆和他的儿子纪中学生陈寿鹏。父子两人先后参加敌后游击队,先后牺牲,堪称两代忠烈,其无私奉献的精神,大大激发同人。

纪中学生郑诚之。1945年5月间与战友在中山县被敌伪军包围。战斗到弹尽粮绝,最后高唱《义勇军进行曲》,引爆手榴弹,十人慷慨捐躯。

赖冠威(又名赖达),曾参加五桂山游击队,后到东江纵队。在战斗中被俘。死于狱中。

行易中学学生胡兆基参加抗日纵队。1944年在战斗中牺牲。

青年教师冯剑青在反击敌伪的战场上殉国。

夜校学生陈君芝在抗日游击战争中献出了宝贵生命。

---

[①] 刘羡冰:《毋忘战祸——抗日胜利七十周年散记》,澳门理工学院,2017,第264页。

图4-23 参加抗战胜利七十周年座谈会人士合照。前坐左二起李铁、曾还、梁铁、谢斌、李成俊、欧初、林锋(即林枫)、刘光普,右一陈大白

图4-24 笔者与抗日战士李铁、梁铁合照

## (七)大敌当前仍有内耗

为争取对师生的援助救济,也为争取中华民国侨委会澳门分会的合法地位,内地迁来的学校中有人曾与早已注册的教育会负责人发生内耗,并牵涉侨委会个别人士,在同心合力、一致抗日的爱国洪流中,诚教育界不应有的一瓢浊水。

## 六、小结

### (一)忠于国族,教育会获肯定

#### 1 刘紫垣校长文章

作为中华教育会始创人之一,又持续工作于该会的刘紫垣校长,在抗战胜利后的第一次教师节的特刊文章上评述教育会:"自成立以来历二十余载,关于社会公益慈善事业与及过去救国工作,固已表现相当成绩。"[①]

#### 2 1939年《澳门旅游指南》

教育团体组织——中华教育会:该会向与镜湖医院、商会等联合办理救国及增进侨胞利益事宜,成绩卓著。[②]

#### 3 澳门大学郑振伟副院长评价

"澳门中华教育会是澳门历史最悠久的教育社团,该会与澳门的教育界休戚与共。根据笔者整理出来的资料,教育会那些年在教育界的事功无出其右。……该会也就成为澳门侨校的代表,居中处理来自教育部、侨委会又或广州教育厅的事务;该会也是澳门政府承认的组织,也就理所当然地代表教育界向政府表达意见。……在抗战时期更是肩负团结教育界的重任,联合各侨团策动救国工作,尤其太平洋战争爆发以后,该会为教师向政府争取平粜教粮,促请社会各界关注和救助教师和学生,呈请中央救济侨校教员和学生等。当然,该会在推动澳门教育发展方面,亦多有贡献。"[③]

澳门中华教育会一直高举爱国团结的大旗,为抗日救国做了大量有益工作。1942年开始是澳门抗日最艰苦的日子,政治形势恶劣,教育会牺牲了会长,部分理监事随学校离开澳门,连续三年只补缺不改选,外界形容会务处于停顿状态。但教育会仍不畏艰困,倾力救济师生,急会员所急,恪尽职守。经过80

---

[①] 郑振伟:《1940年代的澳门教育》,中国社会科学出版社,2016,第213页。
[②] 刘羡冰:《澳门教育史》,人民教育出版社,1999,第282页。
[③] 郑振伟:《1940年代的澳门教育》,中国社会科学出版社,2016,第265页。

年的历史发酵与沉淀,今天回头检视史料,对照上述一致肯定的评价,可见社会对教育会的赞誉是中肯的,是有大量事实作依据的。

### (二)继承爱国团结精神,培育爱国团结的新一代

中华教育会经得起历史的考验,在十四载烽火岁月中,乘国共合作、一致抗日的优势,国共两党在澳门的成员,基本上是能竭诚合作,一致对外的。教育会的主要负责人梁彦明,是国民党澳门支部常务委员,徐佩之是澳门政府官员,他们和周恩来、廖承志派到澳门工作的共产党员柯麟、廖锦涛,革命青年陈少陵、鲍雁波,以及无党派人士陈少伟、陈大白,宗教界人士刘雅觉、陈基慈、廖奉灵等通力协作推动抗日活动,一致坚守救国救民的立场,不遗余力地救济同胞,给澳门师生树立了良好的榜样。教育会同人在这期间,能排除万难按创会宗旨服膺教育,大大促进一代新人茁壮成长,澳门英雄辈出,与有荣焉!其形成的爱国团结的优良传统精神,成为民族文化基因,润泽濠镜。

# 第五章 两大胜利大快人心

## 一、澳门的新局面

1945年8月15日,日本天皇宣告日本无条件投降。澳门万众狂欢,庆祝胜利。十四载艰苦卓绝的反侵略战争取得最后的胜利,鸦片战争以来的百年国耻得以洗雪,澳门同胞和全国人民的喜悦欢欣之情是外人无法理解的。唐德刚教授认为二战中,中国的抗日战争是唯一黑白分明、义正词严的反侵略、反殖民的战争,且抵抗最早、结束最后、牺牲最大,是全民奋起取得胜利的正义斗争。[①]因此,对中国来说二战与一战有本质区别。

为纪念抗战胜利,全澳主要街道搭建起牌楼,彩旗处处。连宣布中立的澳葡政府也一反常态,8月18日由澳督戴思乐在电台发出致澳门广大市民的文告,赞扬澳门居民在艰苦岁月中,团结一致,渡过难关。9月2日,全澳工商界放假狂欢,热烈庆祝三天,公务员放假一天。当日风讯高悬,大雨滂沱,雷声大作,但超过十万人走上街头,表达无比的欢快之情。不少人还在街上载歌载舞,又有舞狮、舞龙庆祝!主要华人领袖意气风发,发表欢庆胜利的演说,葡人和华人一起庆贺战争的结束、和平的降临。9月3日正午12时,全澳同胞举行庆祝大会,晚上举行提灯大巡游,各校师生十分踊跃。为了支持国家战后建设,慰劳战士,全澳又发动一次募捐,各社团工会以各种各样办法,共筹得献金折重庆汇单

---

[①] 唐德刚:《民国史抗战篇:烽火八年》,远流出版社,2014,第6—7页。

为38144868元。[①]

欢庆之余,不忘抓紧贯彻对下一代的教育。中华教育会除号召学生参加庆祝活动,组织提灯巡游等活动之外,还提供梁彦明和林卓夫殉国经过详情,以及提供抗战期间努力推动教育成绩卓越人士名单及材料,请广州区教育辅导委员会给予奖励。并于3月29日向梁彦明、林卓夫致送挽联。[②]可见澳门人对祖国的亲情,更重要的是大长了中国人民的志气,使长期在葡萄牙人管治下的澳门人更珍惜团结自救的力量,更关心自己祖国的前途,更深刻地体会到自己的命运与国家的命运的一致性。可以说,一场血与火的洗礼,澳门人付出高昂的代价,换来精神上的丰硕收获。

抗战胜利后,澳门进入一个百废待举,爱国团结情绪高涨的时期。公会社团纷纷成立,1945年9月澳门水电机工联合会正式成立;1945年12月,澳门记者公会正式成立;1946年3月,澳门上架木艺业联合公会成立,并立即开办义学,普及会员子弟教育;1946年4月澳门健中国语研究社成立;1946年4月澳门造船业西友公会正式成立;1946年7月,澳门酒楼茶室业职业公会成立;1947年1月澳门建筑商会成立;1947年3月中华医学会澳门分会和澳门中医师公会正式成立。1946年5月20日,30个新旧社团获国内合法地位。包括老团体中华总商会、渔会、中华教育会、镜湖慈善会、澳门童军分会、中华妇女会和多个同乡会和公会。[③]

## 二、当年三件影响较大的事件

### (一)中葡冲突,激起收回港澳呼声

作为战胜国,群众收回港澳的呼声一度出现,可惜内战又迅速打响。1947年5月发生澳葡当局扣留中国渔船一事,8月又发生葡警在关闸打死中国单车

---

[①] 吴志良、汤开建、金国平主编《澳门编年史 第五卷 民国时期(1912—1949)》,广东人民出版社,2009,第2689-2690页。

[②]《澳门中华教育会会务报告书》1946年11月编印。刘羡冰藏复印本。

[③] 吴志良、汤开建、金国平主编《澳门编年史 第五卷 民国时期(1912—1949)》,广东人民出版社,2009,第2691-2710页。

工人朱文彬事件,两事件的发生使收回澳门的呼声更大了。国民政府也做了一些民意准备。1946年4月,澳葡总督戴思乐以葡国总统代表身份到广州进行正式访问,表示要友好相处。1947年4月1日,中葡签订并交换了关于取消葡萄牙在华领事裁判权及处理其他事项的协议,粤澳局势因而稍有缓和。1947年9月1日柯维纳就任新一届澳督,宣布发展澳门的政策,9月22日他即赴广州进行正式访问。12月葡萄牙政府又宣告次年实施"繁荣澳门计划"。1948年1月澳葡政府又向朱文彬遗属发六百元治丧费、一万元抚恤金,并承诺负责教养其遗孤至二十岁。葡方这一系列的举动,使形势得以缓和。其中更有中国内战的因素,收回澳门这么一件大事,不了了之。[①]

### (二)人口的变动引致教育领域的变动

抗战胜利,逃难来澳的人士,大部分回归故里,回到内地、回到香港。但内战战火迅速燃起,新移民又涌进,教育界也有较大的变动,大批会员失去联络。

#### 1. 归故里的名校多,留澳的少

抗日战争结束后,教育界又面临新的形势变动。首先,因战争迁来避难的学校,在胜利前洁芳女子中学、思思中学、越山中学和广中中学四校已结束。胜利后纷纷迁回原地是大势所趋,计有中山联合中学、南海联合中学、广东省联合中学、知用中学、教忠中学和雨芬小学均逐步迁回。中山纪念中学迁回中学部,小学部则易名为中山小学留澳续办;培正中学大部分迁回广州,留初中一年级和小幼部在澳门续办;培英留小幼在澳门运作。曾迁港办学四年的培道女中,由于1942年香港落入日本侵略者之手,该校再由港迁到澳门,抗战胜利后又奉教育部令迁回广州。但校董会委任李瑞仪主任在澳门注册成立培道澳门分校,设初中、小学和幼儿园。换句话说,培道由部分员工在澳门续办了。[②]总的来说,这时期澳门的学校、教师和学生的数目均大减。

---

[①] 吴志良、汤开建、金国平主编《澳门编年史 第五卷 民国时期(1912—1949)》,广东人民出版社,2009,第2709-2737页。

[②] 刘羡冰:《世纪留痕——二十世纪澳门教育大事志(增订版)》,澳门出版协会,2010,第85-96页。

### 2.战后新成立的学校

1934年成立的陈族联谊会,1946年为救济失学,开办颖川学校,初设于白马行32号,招收陈姓子弟免费入读。颖川学校1955年迁到河边新街新购的会址,自此招生不限姓氏,并开始收费。

1947年,为提高商业从业人员的服务质素,中华总商会开办商业实用傍晚课程,尺牍、簿记和国语(普通话)学费全免,只收保证金,如能坚持结业可以领回保证金。这三科均极受商业员工欢迎,社会青年甚至名校中学生也踊跃入读。

1949年,著名普通话和书法老师黄耀枢往港发展,把兴华学校让予朱裔举,朱裔举与友人合办东南学校,初办小一、小二及预备班于近西街(即今美丽街),不久即陷经济困境,商请刚在中山大学毕业回到澳门的毕漪汶接办。毕漪汶乃当地富商毕侣俭的第五女,得母亲莫翰声女士支持,毅然独资接办东南学校,不久迁校回毕家后院。

上架行,包括木艺、棚业和打石三个行业,是在清代道光年间成立的行会。该会也于1949年在炉石塘会址内开办木艺公会子弟学校。1946年在广州成立的德明中学,原是纪念孙中山先生的,校长李雪英在1949年把学校迁来澳门续办。

### 3.教育界一批匆匆的过客

另有一批因时局变迁的高等教育机构,它们由内地迁来澳门,包括南华大学、华侨大学、越海文商学院,以及由香港迁来的华侨工商学院。这部分学校不乏优良师资,可惜当年澳门难以容纳五所高等教育院校,几年间五所大专院校或合并或结束,人才也四散,有往港的,有转到中学任教的。还有铁城纪念中学以及难胞中学等也先后来澳,很快两校就剩下小学仅可维持,不久也结束了。[①]

## (三)新中国成立与澳葡对策的实质

抗日胜利不久即爆发国共内战,在澳门人的眼中,十分遗憾。国民党由于

---

① 刘羡冰:《世纪留痕——二十世纪澳门教育大事志(增订版)》,澳门出版协会,2010,第85-88页。

其大员对抗战胜利成果的接收出现太多"劫收"的腐败现象,国军在战场上又节节败退,经济上货币贬值,物价飞涨,民不聊生,因而大失人心。

在澳门也出现一些"世纪末"的怪现象,当年国民党为扩大招收党员,交一块钱就可以入党。党内不断争权夺利,连慷慨好义的何贤先生也因遭受国民党内部排挤而决然疏离。

中国人民解放军于1949年4月23日渡过长江天堑,解放南京。澳葡政府这期间曾收容大批溃逃而来的残余分子。为应对中国局势变化,4月6日,一队由葡萄牙、安哥拉、几内亚部队构成的军队奉命携武器抵澳门。

接着澳葡总督于4月20—22日亲赴香港拜谒港督葛量洪,就港澳的政治军事问题展开讨论。随着南京国民党政权的逐步瓦解,5月2日,葡政府外交部部长卡埃洛·马塔再次秘密致电驻伦敦大使贝克,让他一方面探听英国政府对香港问题的态度,另一方面请他告知英国政府,他们将竭尽全力保住澳门,并向英国争取空军对澳门的保护,并且求枪弹的支持。英方估计中国无意武力收回香港,更不愿让港澳捆绑在一起,因此对葡方提出的问题未做正面答复。①

6月15日葡驻伦敦参赞再次与英国外交部远东司司长卡雷特会谈。英国表示决心守住香港,但不能承诺给予澳葡军事援助。23日葡向英国外交部递交抗议照会,抗议英国政府不遵守两国同盟互助协议。这时候,葡国转向美国寻求支持,他们相信只要采抵制共产主义和孤立新中国的态度,就会得到美国帮助。②

为此,葡总理奥利维拉·萨拉查指示澳督,应该继续保持同国民党的官方联系。从这些事实可以看到葡国对澳门的政策本质。

1949年10月1日,中华人民共和国在北京宣告成立。总理兼外交部部长周恩来致函葡驻华公使费雷拉·丰赛嘉,表示新中国愿在尊重平等、互利及互相尊重领土主权的原则基础上,与世界各国建立外交关系,同时附上毛主席致各国政府的信件。10月9日,葡驻华公使费雷拉·丰赛嘉向周总理表达愿意两国建

---

① 吴志良、汤开建、金国平主编《澳门编年史 第五卷 民国时期(1912—1949)》,广东人民出版社,2009,第2757页。

② 吴志良、汤开建、金国平主编《澳门编年史 第五卷 民国时期(1912—1949)》,广东人民出版社,2009,第2758页。

立友好关系。①从这些事件我们可以看到小国寡民的葡萄牙在第二次世界大战后处理中葡关系的政策,仍以依靠美蒋为主,小心谨慎,不得罪新中国,以保持在澳门的既得利益。新中国则采取"长期打算,充分利用"的方针,利用港澳中立港口的特殊地位,防止美国的全面封锁。

10月14日广州解放,接着解放军也进驻前山。大多数人估计,这时大局已定,但葡萄牙仍持幻想。10月24日国民党海军残溃部队7艘登陆舰、炮舰及十多艘帆船撤到澳门,经谈判移交给澳葡当局。叶剑英代表新中国愿以三十万澳币换取,仍遭葡方拒绝。11月5日,澳葡政府非法派汽艇侵入中国领海,把正在谈判接受投降的一艘国民党舰艇上的一部分人和枪劫走,随后又派船强行拖走该舰艇。舰艇上有国民党官兵百余人,汽油百余桶及武器弹药。②这一事更清楚显示出葡国政策的实质。

澳葡政府在对待拥护新中国的澳门民间活动上,直到1951年也还采监视、恐吓等明显的压制手段,在集会上派警员监视,会后传唤会上演讲的代表问话,并进行警告和恐吓。当年中华总商会代表陈直生、妇联主席张晴晖、学联主席冼为铿,均曾被问过话。③澳葡政府一贯纵容蒋帮分子和"自由劳工"在澳门的胡作非为,爆炸、绑架和殴打爱国工会会员等不法行径。直到1967年"一二·三反迫害"斗争胜利,情况才得到改变。笔者1952年在火柴工会识字班义教就由学生纠察队护送放学,因蒋帮"自由劳工"经常殴打火柴工会会员。

另一方面,拥护新中国的人士爱国热情高涨,纷纷成立了旗帜鲜明的爱国社团,计有:澳门华侨协会、澳门新民主协会、工联总会筹备委员会、澳门中华学生联合总会筹备委员会、澳门民主妇女联合会筹备委员会、澳门护士互助联合会、海燕剧艺社。这些新成立的社团,和已于1948年成立的语运合唱团一起,紧锣密鼓地筹备庆祝中华人民共和国的成立。

11月13日晚上,柯麟医生在他的医务所召集各社团代表筹备全澳各界庆祝中华人民共和国成立大会。决议于11月20日上午9时,假平安戏院举行澳

---

① 吴志良、汤开建、金国平主编《澳门编年史 第五卷 民国时期(1912—1949)》,广东人民出版社,2009,第2763-2764页。

② 吴志良、汤开建、金国平主编《澳门编年史 第五卷 民国时期(1912—1949)》,广东人民出版社,2009,第2765-2766页。

③ 冼为铿:《谈文字 说古今》,澳门出版协会,2009,第81页。

门各界隆重庆祝中华人民共和国诞生、中央人民政府成立以及广州解放暨劳军运动大会。还决议号召社团、商户、学校是日悬挂国旗——五星红旗，各商行休假一天。并组织通衢大道盖搭牌楼并设献金台，收集劳军捐款。

20日前，本澳志光洋货店、光明书局、丽都洋货店、文兴隆米店、钻石鞋店、天华洋货店六处均准备好供应全澳首批标准新国旗。11月20日在澳门历史上首次户外升起国旗，是第一批在澳门飘扬的五星红旗。[①]机构、商户、学校和住宅，在节日悬挂旗帜无疑是公开表示政治立场。

图5-1 澳门各界同胞劳军队伍在镜湖马路

自此在澳门的10月，有一个十分奇特的现象：10月1日通衢大道，飘扬五星红旗，庆祝中华人民共和国国庆。到10月5日葡国国庆日，政府机构和一些葡人的公共场所，即升起葡国国旗庆祝葡国国庆。而在10月10日也零零星星在大街上出现青天白日旗。

新中国成立初，有一所国民党员主持的学校，在节日前夕仍命职员同时备好两面不同的旗帜候命，每每审慎观察形势，严肃处理政治立场。该校至1951年10月1日才开始改升中华人民共和国的五星红旗。

---

① 参见1949年11月20日《大众报》。

图 5-2　预告各界庆祝大会的澳门《大众报》

　　1950年10月1日,还发生新马路的美国楼西餐厅和十月初五街的志光洋货店两处,遭到暴徒叫嚣恐吓的事件,暴徒向店门投掷石头,用竹竿拍打国旗,澳葡警员到场后无所作为,结果美国楼被迫下了国旗。志光店主陈直生既是中华总商会领导成员,也是华侨协会中坚分子,坚决与暴徒对峙,发动店员齐心坚决护旗到底。①当天天刚亮,陈直生先生还命员工把一面国旗带出南湾,高悬于树上迎风飘扬。

　　10月,澳门三次不同旗帜庆祝不同国庆的特殊现象,一直维持到1967年澳门政府签署了认罪赔礼书,承诺在澳门清除中国国民党残余为止。

### 三、中华教育会的新局面

　　以上的社会变革,就是澳门中华教育会新时期所处的大环境,必然对会务有重要的影响。教育会自觉继续承担教育社团的使命,日常做了不少工作,同时也顺应时代的大变革,通过民主程序,完成历史上的一次新的变革。

---

　　① 参见1949年11月20日《大众报》。

## (一)适应会员要求,力促文教工作的恢复和发展

### 1.开展了学生学术活动

在各校恢复正常教学秩序的同时,中华教育会开始举办校际学术比赛,促进学校间的交流,提高学生学习的积极性。1946年,举办中小学图画比赛。1947年举办小学生书法比赛。1948年举行高中、初中和小学三组作文比赛。

### 2.持续推广国语(普通话)

1947年中华教育会继续承担培养普通话师资的任务。由于师资班是推广的基础工程和关键环节,贡献很大,得各校配合,不少教师得到正规的研习,有利于学校设置国音(即普通话)课程。[①]

### 3.为华文教育的长远发展,推动师范教育

图5-3 教育会办事处借用南湾圣若瑟中学

澳门私立学校经费自筹,教师待遇低,师资大多未接受专业训练。在抗日战争期间曾举办师范课程的协和女子中学又迁回内地,执信女子中学又已经结束。当年主持执信师范的陈道根主任转任圣若瑟中学教导主任。中华教育会为促进全澳教师质素的提升,推动圣若瑟中学承担开办"简易师范科"课程,以

---

① 郑振伟:《1940年代的澳门教育》,中国社会科学出版社,2016,第223页。

提高澳门私校整体的教育质量。[①]1946年12月17日教育会还向各校通告,为恢复海外侨校华文教育,介绍本澳教师出国服务侨民中小学。[②]

**4. 深感全面推广中华文化的重要,倡议设立本澳华侨图书馆**

当年澳门没有公共的中文图书阅览地,因此,建议设立一所向全澳公开的华侨图书馆的意念于1940年在教育界萌发,1942年圣罗撒教师范朗西倡议,由中华教育会负责筹备。1944年9月教育会曾发函邀约社会贤达、各校校长,倾力促成。经过十四年抗战岁月,历经血与火的洗礼,澳门人确实更深体会到需要持续的中华文化的熏陶,以加强民族文化在本地社会的承传。可惜工程艰巨,独力难撑。1946年3月,教育会还组织了全澳性图书馆筹建委员会,接着又联系其他社团,虽渐见成效,可惜仍难以成事。[③]内地国共内战加剧,本澳经历了一场十四年的国难,确实消耗的人力物力太大了。尽管是最应办的事,但实在有心无力。教育会最终于第27次会员大会通过将筹得款项和书籍"拨交商会图书馆"即南湾八角亭中华总商会图书阅览室。

**(二) 全澳瞩目的1949年的会员大会**

澳门中华教育会第19届理监事会为了促成筹建华侨图书馆这一文化大事,希望得到更广泛的支持,说服了天主教圣若瑟中学校长何心源神父参加教育会的领导工作,以便借助天主教学校之力。1947年11月12日第25次会员大会选举了何心源校长为第20届监事,第21届何心源校长更被选任常务理事兼总务(即主要负责人)。他也带动一批教会学校教师加入了中华教育会。[④]因此,1947—1949年间,澳门中华教育会的会员成分已具备广泛的代表性,不分官校私校、不分宗教背景、不分中小幼、不分新旧,已成为全澳教育工作者的大家庭。由于抗日战争结束,全澳人口又一次大变动,大批会员离澳,又一批新人入

---

[①] 盛光运、陈既诒对笔者口述。
[②] 散见1946年12月17日澳门《华侨报》《大众报》《市民日报》等各大报章。
[③] 综合郑振伟:《1940年代的澳门教育》,中国社会科学出版社,2016,第227-229页,以及1949年11月14日澳门《华侨报》《大众报》关于教育会会员大会的报道。
[④] 参见1949年11月14日澳门《华侨报》。

第五章　两大胜利大快人心

会。据1949年11月第27次会员大会统计,团体会员41校,会员323人,有投票资格而出席的会员在教育会有正式记录的是174人。

1949年11月13日澳门中华教育会第27次会员大会,选举第22届理监事会,这不只是中华教育会会史上的大事,也是轰动澳门的社会大事。这个会议前夕已有多份日报预告甚或做出人事预测,会后其整个的经过也罕有地为当地各大报详尽报道。

1949年10月1日,中华人民共和国成立。南京民国政府由于腐败,早失民心,许多知识分子都把希望寄托于新中国。澳门一批爱国社团纷纷成立,教育会这个知识分子的会员大会在一个十分敏感的时刻举行,《大众报》记者这样描述:"适逢新中国诞生不久,澳门的民主运动热潮掀起。如何适应新形势的需要,追上新时代的需求,使中华教育会理监事会面临新的挑战。……选举方式虽依旧,投票人之心情与出席者的意志,另有一番新景象。……是次大会甚为热烈。"①

另一份日报《华侨报》则以《教育会年会很热闹政治问题引起剧烈争辩》为题,详细报道了这件轰动一时的大事。

教育会这次会员大会,会议过程确如所报道的,讨论确实热烈,会员各抒己见,畅所欲言。在报告事项之后,开始讨论提案:

提案一:培正学校书面提出邝秉仁等八人因公赴港,可否由培正其他教员代为投票案。经讨论付之表决,64票反对,52票赞成,表态的共116人,占出席的绝大多数。提案被否决。

提案二:何心源提出已召集华侨图书馆各委员商讨将教育会年前为建图书馆的款项拨交商会图书馆。当即获全体通过。

临时动议一:黄德许提出关于本会应如何策动华侨学校师生庆祝中华人民共和国成立案。该

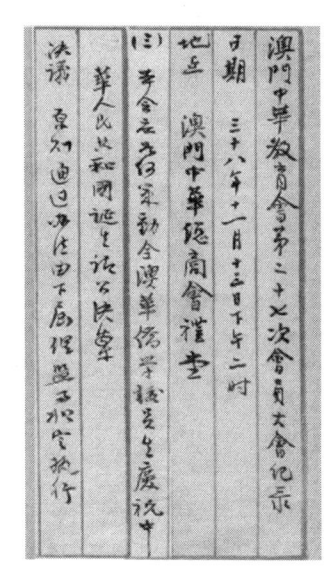

图5-4　教育会会员大会记录

---

① 参见1949年11月14日《大众报》。

动议提出请中华教育会通告全澳各校举行庆祝中华人民共和国诞生大会,并举行游行;大会开会日期,放假一天。经讨论表决,一致决议原则上通过,具体办法由新一届理监事拟定执行。①

临时动议二:宏汉校长俞炽南提出以本会不派员催收会费,以至取消会籍凡七十二人,应否如此褫夺会员资格案。此动议牵连七十二位会员之众,亦引起非常热烈讨论,财务部罗致知亦做解释,曾通函各校,10月底派员到收,倘未能即交,则请于11月3日以前径交本会。逾期未缴照会章作为退会。他更补充,宏汉学校彭干事已经亲到征收一次。经此解释后,一致决议,因违背会章,决议应褫夺会员资格。

临时动议三:威林补习学校校长朱信提议中华教育会应脱离国民党,不可涉入政治旋涡,成为无党无派之团体案。天主教粤华中学教师孙锡昆突然起立高呼:"教育会应受人民政府领导。"教育会创会会员郭辉堂解释,过去教育会并无接受任何政党领导。结果一致认为该案无须再议。②

## 四、无记名投票——会员意志的大检阅

### (一)选出新一届理监事

最后议程是一人一票无记名选举第二十二届理监事。首先,由司仪张铁军唱名领票,监票人刘伯盈监印后亲自派发。选举结果,理事会15人,蝉联者7人:陈道根146票、罗致知136票、罗作祥126票、郭辉堂113票、何心源84票、吴秋荣84票,李瑞仪98票由上届监事选为理事。新入选者有8人:杜岚101票、林虎文95票、邝秉仁84票、郭信坚83票、黄煜棠81票、林德彰76票、黄瑞焜74票、彭雪松73票。

---

① 教育会记录及《华侨报》同样有提及,但只有《大众报》提及临时动议人为黄德许。而会员名册只有黄德熙,没有黄德许,笔者估计是记者采访一时之误。另教育会记录列为提案。笔者根据盛光运、陈既诒两人口述,全体通过此议后,立场仍站于台湾的何心源校长,即行离场。《大众报》亦报道他中途离场,且放弃了投票。

② 教育会记录朱信为威林补习学校校长,另《大众报》报道朱信为圣罗撒教师,孙锡昆为粤华中学教师。此议《华侨报》均有提及,但只有《大众报》提及解释人为郭辉堂校长。

候补理事4人:孙锡昆68票、李仲明55票、陈玉堂51票、陈德和51票。

监事会成员7人:何贤168票、柯麟110票、赵璧兰90票,3人蝉联;新人4位:毕漪汶75票、欧闸雄57票、黄锡琨50票、郑汉渔48票。

候补监事3人:马万祺27票(首次被选为候补监事),吴寄梦26票,翟飐权24票。①

### (二)教育会隆重的理监事就职礼

教育会于1949年11月30日假镜湖医院礼堂隆重举行庆祝中华人民共和国诞生暨第二十二届理监事就职典礼。出席者两百余人,十分热闹。大会主席陈道根致开会词,继由工联代表梁培、新民主协会代表黄呐型、商会代表刘伯盈、妇联代表林琼芳、教育会代表林德彰、学生联合总会筹委会代表谭刚峰、学生联谊会代表张晋发表演说。此外,还有商人陈直生、光明书店陈善朗实时发言。接着理监事宣誓就职,由刘伯盈监誓。最后由教育会代表马万祺致答词。

教育会同日发出《中华教育会为庆祝中华人民共和国诞生敬告全澳教育工作同人书》,阐述新中国成立的划时代意义,号召站起来的中国人,拥护共同纲领,团结起来,为新教育而奋斗!

图5-5 1949年第二十二届理监事与嘉宾合照
前左三起:林虎文、黄呐型、郭信坚、刘伯盈、陈道根、毕漪汶、杜岚、马万祺、梁培

---

① 据教育会记录。

图5-6 1949年教育会负责人与部分嘉宾合照
前排左起：罗致知、林虎文、黄呐型、郭信坚、刘伯盈、陈道根、杜岚、马万祺、毕漪汶、林德彰
后排左四起：黄煜棠、黄瑞煜；后排右起：李瑞仪、邝秉仁

## （三）对会员大会的三点分析

### 1.关于教育会之前与国民党的关系

会上关于中华教育会之前与国民党的关系进行了不同意见的交锋。在一段时期，教育会多位负责人，特别是在领导岗位上时间最长的梁彦明校长确实是国民党澳门支部的领导成员，而历届理监事中也有不少是国民党员。教育会和注册学校又长期与国民政府教育部、侨委会、广东省教育厅有直接联系，甚至直接执行其指令。

会员在新的历史转折时期，提出教育会应脱离国民党，不可涉入政治旋涡，要求成为无党无派之团体，有其合理性。会上经创会成员、前会长梁彦明的学生郭辉堂校长解释，说明教育会从未受国民党的领导，大家要分清是与政府的关系而不是与政党的关系。但这一讨论既反映会员对社团与政党关系有不同看法，也证明如多份日报评述，会员大会畅所欲言、各抒己见的热烈气氛。这确是空前的新气象。

### 2.为何《世界日报》能预测选举结果？

教育会第二十二届会员大会当天，即11月13日，澳门由国民党主办的《世界日报》已刊出《今天教育会选举理监事记者预得天机先报当选名单》一文。[①]

选举结果与十五名理事中仅一人之差,该报预测何心源落选,孙锡昆当选,结果相反,其他完全一致。可以说准确性已相当高。

这是怎么一回事？当天除《世界日报》外,还有《大众报》《华侨报》也报道了此次会员大会的详尽过程,比教育会的会议记录更为详尽,可见选举结果的社会新闻价值颇高,能广泛吸引读者注意。

但是要解开这个谜,笔者认为首先要研究中华教育会历来的选举原则、方法和程序。这样就清楚《世界日报》只是在会前得到该会的候选人名单而已,并不是有什么特殊的本领,能洞悉天机。

教育会历届候选人名单都是会前经过多方征询协商产生的。第一,是原有健在理监事自动表示是否愿意继续再当新一届候选人;第二,新加入的团体会员大多被邀请派代表当候选人;第三,原届理事再征得各部已参加工作的会员是否愿当新一届候选人,从而整理确定候选人名单。但在一人一票无记名选举中,选举人完全可按自己的意志在差额名单中,选择不超过规定的名额,或另选名单以外的会员,只要不超过名额,选举即有效。这程序深得大多数会员赞同,因而历届选举结果均只有少数当选者不在候选人名单中,这已是会员和传媒心中的常态。

以笔者个人经历为例,笔者1953年入会,从1954年第一次参加会员大会至今,程序和形式大致不变。近年笔者曾先后两届另选名单以外的三人,均没有当选,其中陈志峰、杨佩欣两人,继续参加工作表现良好,才成为下一届候选人而当选。可见对原届理事会推荐的候选人名单,在正常的情况下,一般会得到大多数选举人的信任和认同。如此会情是十分健康、正常的。

《世界日报》选前刊出第二十二届理监事预测名单,并非什么天机泄露,是熟悉教育会选举程序,明知候选人必绝大多数入选,如此而已。不过在政治形势巨变的新情况下,预感山雨欲来的人也是普遍的,好奇的。《世界日报》的预测名单在选举前见报,笔者认为它确有新闻卖点：因理监事候选人名单中有个别新人是拥护新中国的,带出政治敏感性。

---

[①] 参见1949年11月13日《世界日报》。

何贤于1946年开始入选监事,是连续三届的旧人,李瑞仪和赵璧兰于1947年已入选监事,也是连续两届的旧人,柯麟于1948年已入选监事会,他们都不是新人,黄煜棠是陈道根女婿,又是圣若瑟教师,早已参加教育会工作协助陈道根承担有关教育会会务,在一般人心中,特别是旧人心中,他也不属新人。另中葡官校林虎文和东南毕漪汶,属新入会团体会员的当然代表。①

纯属新人只有培正的邝秉仁和林德彰;濠江的杜岚、彭雪松、黄瑞焜;镜湖护校的郭信坚。实共六人而已,何况有新团体会员和新个人会员加入,在入选的二十九人中只占五六分之一,实属常态。

选举结果与历届一样,绝大多数选举人均接受候选人名单,表明他们认同对理事会会前征询、协商的结果。这次选举结果基本是正常的,但是,在外人眼中却是大变局,引起广泛的注视和截然不同的解读,甚至做出政治化的结论。

1949年中华教育会第二十七次会员大会,无可否认,是一次政治态度和立场的大转变的契机,是有目共睹、社会一致的看法。而且也是适应了大环境的巨变,随后多数老社团也朝着同样的方向改变政治态度和立场。为什么教育会的变动就特别受瞩目?大多数人的焦点放在人事变动上,是比较片面的。

### 3.让史实纠正流传六十年的三个误判

(1)人事变动,是三届的渐变,不是一届的突变

第二十二届理监事,实质是一个融合不同政治立场的、代表性均衡的、合情合理的结构。实际是第二十一届理监事集体意志的体现,也符合教育会成立29年会史的传统运作。外人看法相反,原因有三:其一,外人把人事三届的渐变看成一届的突变;其二,他们忽略了成批学校的迁去和另一批新办;其三,也是影响更深的,会员大会后,原领导人何心源神父以84票低票当选,会后因政治立场而辞职。

(2)何心源校长能接受候选人名单,唯不能接受庆祝新中国的动议

一个流行至今的说法是何心源校长的请辞原因是新一届理监事会中有许多拥护新中国的人士。这是不确的。何心源作为第二十一届理事会的领导人,第二十二届候选人名单是在他的主持下整理的,他基本上无不接受的可能,他

---

① 参见1949年11月14日《大众报》。

中途离开会员大会是意料不到有人要求教育会全面号召庆祝新中国成立的动议,获表决且一致通过,这是完全出乎其意料的!这不是他个人的问题,是天主教会的政治立场问题。

(3)"左派人多夺取领导权"是子虚乌有

是次大会上通过庆祝中华人民共和国成立的决议,是该会给人以深刻印象的一次政治立场的大转变。这是最敏感的政治议题。为什么有29年会史,长期由国民党人和天主教人士领导的社团,会突然改变?政治立场鲜明的临时动议能一致通过?这的确是外人希望得到答案的。一个至今仍流传的说法是"新人多,从旧人手上夺得教育会的领导权"。本文重点研究,证明此说法绝对是错误的。

首先,1949年,老会员仍是绝对多数,出席会员大会的、参加投票的也是大多数。新入会学校即使全体教师入会,也绝无可能占多数。本人对比一份1942年106名会员的名单,其中仅何桂邦、盛光运、何英杰、朱漫庵几人在1949年的322人的名单中重现,可见1942至1945这几年最艰苦时期以及随学校迁回原地的会员数以百计。但新会员入会的又不多,而其中属11月20日升起五星红旗的六所学校(镜湖学校、镜湖护校、濠江、培正、培道、东南)中,在教育会资料中可查的会员共74人,只占308人中的24%,不足四分之一,何况其中还有持各种不同的政见和宗教者。

其次,作为群众性的老社团,政治立场的大转变,必然是大多数会员个人意志的转变。各项议程均看到新旧会员的积极发言,其中提议和参与讨论的只有培正教师和孙锡昆可归为左派,大多数都是老会员,大家弄清和尊重实况,理性讨论,引经据典,遵循会章,最后必然通过全体表决,按少数服从多数的原则,做出决定。教育会这次会员大会也为澳门知识分子团体树立了一个初步民主的榜样。

## 五、小结

### (一)《澳门新教育》社评的结论客观公正

综观1949年11月13日中华教育会的第二十七次会员大会,表达澳门知识界团体追随形势而易帜的立场十分鲜明,而且是通过公开民主的讨论、少数服从多数议决的民主程序的,是真实民意的反映,也是中华教育会的规章制度比较健全,会员的态度素养理性庄重的反映。即使其中拥护新中国人士如何贤、柯麟、黄煜棠、杜岚、李瑞仪等具相当实力和影响能力,如果没有大多群众思想的转变也难以迅速实现这历史性的政治立场的大转变。

1950年教育会会刊《澳门新教育》第三期的社评这样表述:"在全澳同胞爱国民主运动的配合下,在积极分子的倡导下,在大多数会员同寅的觉悟下,澳门中华教育会就高举起五星红旗,追随着祖国朝着一个方向前进。"[1]如此表述和结论是客观真实的。

### (二)澳门教育界的公民素养

虽然会员大会是社团内部会议,由于处政治形势的敏感期,会前经新闻界的关注和所谓内幕消息的透露,该会员大会已成全社会瞩目的焦点。会后澳门《华侨报》《大众报》《市民日报》和《世界日报》均详细报道整个过程,比教育会的记录更为详尽!这也是百年会史中,保留最充足第一手史料的一次会员大会了。通过多份传媒基本相同而文字上稍有差异的报道,我们能看到不管是编定会议程序的原领导者、为议案发言分析交代者、会上临时动议者、自由发言者以及人手一票表达个人意志的选举人,都具民主理性的态度,会议民主开放、严肃认真程度之高,即使较之今天,也较为罕有。这充分反映了当年尽管是在葡人的殖民统治下,澳门中华教育会大多成员的公民素养之高。

---

[1] 素梅:《一年来的澳门中华教育会》,《澳门新教育》,1950年第3期。

# 第六章

## 大事记(新中国成立—澳门回归)

## 一、五十年代至六十年代中期

### (一)新形势、新风尚,爱国阵营增强

**1. 教育会理监事就职礼得到友好团体重视**

教育会于1949年11月30日假镜湖医院礼堂隆重举行庆祝中华人民共和国诞生暨第二十二届理监事就职典礼。出席者达两百余人,十分热闹。

**2. 新社团相继成立,同心合力推动爱国事业的发展**

乘新中国成立的新风,20世纪50年代初,澳门各类新社团相继成立。1950年1月20日澳门工会联合总会成立;接着在5月4日,澳门中华学生联合总会在庆祝五四青年节三十一周年大会上宣告成立;5月21日澳门民主妇女联合会也举行隆重的成立典礼,第一届执行委员同时宣誓就职。[1]自此,于1913年成立的澳门中华总商会连同这四个团体,共同发起不少新形式、新内容的有意义的活动。例如组织各界人士到前山慰劳中国人民解放军;与同善堂、镜湖慈善会以及其他社团响应广东省人民防洪救灾筹募运动;五会组成庆祝三八国际妇女节大会;教育会与学联共同推销第一期中国人民胜利折实公债;教育会与妇联、学联共同庆祝六月一日国际儿童节;等等。[2]

---

[1] 冼为铿:《三大社团成立六十五周年》,《澳门日报》,2015年3月7日。
[2] 总务股:《第二十二届理监事会工作报告》,《澳门新教育》,1950年第3期。

图6-1 谭立明校长在劳工子弟学校落成典礼上讲话

图6-2 爱国社团欢迎祖国亲人派出文艺体育团来澳访问表演,社团领袖亲自陪同游览
前排右七起:梁培、马万祺、何贤,左起九为教育会副理事长李瑞仪

### 3.澳门十月独特的庆祝活动

每年10月1日,全澳各界人士组成"澳门各界同胞热烈庆祝十月一日国庆节筹委会",集中全澳爱国力量组织多项游艺庆祝活动,让各阶层同胞广泛参加。从1952年开始,大会组织美术界和广告界人士,联同电器、木艺、棚业等工人精心设计和制作,在全澳通衢大道,盖搭天安门和多座彩楼,宣传祖国重大政策和建设成就,如南京长江大桥、荆江分洪区、卫星上天等等。这项活动成为一年一度美化、亮化小城的盛事。活动期间,千家万户到牌楼前拍摄留念,成为摄影和美术展览的独特题材。过了五天,市面多了葡国国旗,在单调的鸣炮声中,澳督府和白鸽巢公园举行葡国国庆活动。如此再过五天,到了十月十日,又有亲台人士庆祝双十活动。澳门小城这独特的情形一直延续到1966年,1967年1月澳葡政府驱逐所有在澳的蒋帮组织,取缔其一切活动。

图6-3　教育工作者在国庆牌楼前拍照留念

图6-4 庆祝新中国成立十二周年牌楼

图6-5 天安门牌楼夜景

第六章 大事记(新中国成立—澳门回归)

图6-6 庆祝新中国成立二十周年牌楼

### 4.澳门第三个大办义学高潮

1940年代末内地迁澳人口增加,加之社会经济萧条,导致学童失学的情况严重,从1950年代初开始,澳门出现又一次持续二十多年的大兴平民教育的高潮。这是继维新运动前后、全面抗战期间之后的第三个民间力量大办平民义学的高潮。

这期间天主教各会院按教会政策,也着力发展平民教育,在本澳和两离岛先后开办了海星中学、取洁中学、圣玫瑰小学、晓明女子中学、利玛窦中学和利玛窦夜中学、庇护十二小学、圣德兰小学、圣家小学、路环圣方济各小学、真理中学、真原小学、九澳圣若瑟小学、圣马莎利罗幼儿园小学、梁文燕培幼院附属小学、玛利亚培幼院附属小学。

基督新教也在澳门办了宣道实用小学、浸信中学、锡安小学、圣马可小学、下环浸信小学、循理小学、金巴仑小学,蔡高中学除办夜校外,还和志道堂合办女子免费识字班。

各大爱国社团成立澳门劳工教育协进会,合力创办澳门劳工子弟学校,此外,还有不少社团在困难中也创造条件办子弟学校,作为主要会务,特别是作为会员甚至是本行业的福利事业。如海员公会办海员小学、银业公会办银业公会小学、航业公会办航业公会小学、粮食公会办粮食公会小学、百货公会办百货小学、水电职工会办水电工人子弟学校、鲜鱼市贩福利会办鲜鱼子弟学校、旅业职工会办旅业工人子弟学校、工羡造船公会办造船公会子弟学校、菜农合群社办菜农子弟学校、猪肉烧腊公会办猪腊工人子弟学校、妇女联合会办妇联子弟学校正/分校、何族崇义堂办崇义学校正/分校、林族宗亲会办长林中学、东南学校也办夜间小学部。这些新办学校的学生多为贫家青少年。成人夜校有:妇联办的工余女子夜校、妇女识字班,华侨协会与学联合办的莲溪庙民众夜校,火柴工会、昌明火柴职工会办的工人识字夜校。[1]

中华总商会曾于抗日胜利后的1947年,为本澳商店店员提供珠算、簿记、尺牍、国语(即普通话)等商务技能的训练班,晚上在商会会址上课。1950年代初再办国文、历史、数学等文化进修班,到1954年为满足社会青年强烈的求知欲,在此基础上,在南湾租赁民居开办商训夜中学,连同上述各公会社团的子弟学校共22校。加上官办的华人公费学校何东中葡小学男女校各一,全澳新增学校数十所,全部是免费或酌收茶水费的。

### 5.民间推动教育大发展,澳门得慈善埠美名

澳葡政府公布1951年度全澳的教育机构中,高等学校4所,技术学校10所,中学17所,小学55所。大学生148人,其中女生46人;技术学校学生1256人,其中女生375人;中学生3385人,其中女生1309人;小学生12722人,其中女生4631人;中小学教师866人。[2]

但到了1952年度上学期,教育会调查,中学生减到3116人,小学生减至12315人,全澳中小学教师减至749人。这与经济环境有直接关系。

10年后,根据1962年政府公布的数据,全澳中小学生不但止跌回升,竟增

---

[1] 刘羡冰:《世纪留痕——二十世纪澳门教育大事志(增订版)》,澳门出版协会,2010,第85-96页。
[2] 刘羡冰:《世纪留痕——二十世纪澳门教育大事志(增订版)》,澳门出版协会,2010,第90-91页。

至48589人的一个历史新高,是10年前的3倍多。教师再从749人增至2041人,是十年前的2.7倍。尽管澳门民间政治立场有所不同,但能各按其救助弱势社群的立会宗旨,重视下一代的成长,最大功德是在澳葡政府长期只承担葡人葡语教育的情况下,民间主动救济了华童的失学,普及了初等教育,发展了中等教育,促进了女子教育,客观上合力创造了一个历史奇迹。

这批新校的成立,所需的人力、物力和财力,不是政府承担,绝大多数是慈善团体、热心人士的支持,不少靠向外募捐,来自民间,以及社团间互相支持。各办校团体首先在本行业中筹募经费,然后向外募捐。特别是1950年代前半叶得爱国人士何贤、马万祺、陈直生、陈满、高振武、梁秩智、姚景槐、黄平等的支持,或出钱资助学校,或推动团体办校。天主教会方面,明励志神父、余佩琪神父、谭志清神父、平静修和范桂芳修女等,通过东方传教会接受联合国、美国的救济。基督教会也向外募捐。澳门小城一时获得"慈善埠"的美名。

这期间各中学毕业生,特别是学联和青年团体中大批有志的爱国青年高中毕业即投身艰苦清贫的教师行列,承担起平民教育的重任,在师资最缺乏的情况下,个别优秀的初中生也走上讲坛,以救济失学为己任。他们边工作边学习,以老带新,其中大多数能不断适应工作要求。这批新教师不少成为中华教育会的新血,也成为爱国学校的领导层,齐心合力在经济不景气,政府又撒手不管教育的情况下,使广大贫民子弟免于失学,而且还关注成人的进修以及扫盲工作,更难能可贵的是在殖民管治下,推行爱国教育,继承中华文化的优良传统,做出无声而实质极为重大的时代贡献!

中华教育会的会员也从1950年到1951年这两年间一百多人退会的低潮,再稳步发展。根据教育会的统计资料,会员人数随学校、学生的增加而自然提升,1952年会员374人,1966年增至556人,占全澳教师的27.24%,但遍及全澳各校。

### (二)新形势新风尚,新困难新办法

教育会第二十二届理监事会,人事变动较大,作为领导层的常务理事新旧参半。从1949年到1956年间,教育会虽遇到天主教学校和一众教师退会浪潮,

不少团体会员办校困难，会员救济工作繁重等等难题，但仍能一一克服，会务有了一番新气象。陈道根主任1956年因病去世。

图6-7　1952年第二十五届理事合照
前排左起：黄瑞焜、林德彰、马万祺、陈道根、郭信坚、杜岚、毕漪汶
后排左起：陈瑶清、邓凝、李瑞仪、郭甫、陈律平、邝秉仁、谭立明、何天锡

1.教育会在1950年代初的新任务

1950年2月8日教育会举行全澳校长座谈会，推介新中国的新教育、新教材、新行事历，鼓励各团体会员学校摒弃旧教材，采用新课本及实施新校历等。27日理事会再发表《中华教育会告教育同寅及青年学生书》。①

2.会刊诞生于一个"新"字

中华教育会的会刊创刊于1950年6月6日，命名《澳门新教育》。这一个新字，承载了多重意思。首先，它诞生于会史上一个被称为"重大转变"的"新景象"中，"如何适应新形势的需要，追上新时代的需求，是中华教育会的理监事面临的新挑战"。因此，这份会刊是百分百新时代的产物。②

---

① 参见1950年2月27日《华侨报》。
② 参见1949年11月14日《大众报》。

## 第六章 大事记(新中国成立—澳门回归)

其次,会刊介绍新事物,刊出新文件。如全国政治协商会议通过的《共同纲领》中关于教育的要求;新中国成立后,中央和地方先后颁布的文化教育的政策和决定等,会刊都进行推介。会刊除了是传递以上新原则精神和重大举措的重要媒介,也成为澳门教育工作者学习、理解这些新讯息的渠道,成为各校教师交流教育教学心得的园地。

再次,在这新的时代巨变中,新旧会员、新旧理事之间需要相互理解、磨合;会员之间、各校之间需要交流沟通,特别在加强新会员与教育会的联系上,在加深理事对会员需求的关注上,会刊也成为沟通的桥梁。

《澳门新教育》从1950年创刊至1957年共出版了18期而停办。1965年复刊,改名为《澳门教育》至今。

### 3.新风尚下倡导关心家事、国事、天下事

1950年代新中国的新人、新事、新风尚给澳门人以良好印象,特别是劳动人民地位的提高,干部作风朴实,关心群众政策的贯彻。这些给了澳门教育工作者启发和鼓舞,而且确实起了模范作用。从1950年第二十三届理事会起,中华教育会建立常务理事轮值办公制度。又发动更多会员参加协助理监事会工作,组织文教、福利和出版三个委员会,出版会刊《澳门新教育》。《澳门新教育》先后转载新中国重要文章和规章。

图6-8　1960年代初教育会组织各校代表赴穗参观交流
第一排左三起:陈瑶清、韩一英、李瑞仪;第二排左起:刘汉宜、谭立明、霍文彬、杜岚、林耀坤;
第三排左二起:何其伟、陈文光、陈律平、张绍载;第四排左二起:毕漪汶;其余为内地接待人员

1950年代初,教育会大力发动会员参加和平签名运动,还和澳门其他社团一道,大力动员和组织会员回内地观光访问,如参观广东土特产展览会、中国出口商品展览会、苏联新成就展览会、捷克展览会等等,直接接触新事物。重点组织教师回穗参观学校、进行教育交流;参观后组织座谈,因此也引进内地教育教学经验。1951年,即有16校138人组成16个学习交流小组,当年国庆节参加工作的超过一百人。教育会还响应筹募火柴工友救济金工作,支持和慰问各工会工友,协助学联筹募福利金等等。

### 4. 教学业务水平的提高,惠及莘莘学子

1950年代平民教育靠民间力量发展,大多数新教师未受过教育专业的培训。为帮助大批新教师,教育会大力举办中小学各科的专题讲座或经验交流,1952年还开办夏令进修会,利用假期,组织教师集体研究教育教学业务和组织文娱康体活动,参加者过百。老教师同样提出增长知识的要求,教育会以有限的资源,尽量满足教师求知求进的愿望。1961至1965年间,教育会举办报告会26次,内容主要与教育业务有关,参加的听众超过3000人次。1957年针对人造卫星上天这些新科技、新事物。教育会又以老带新,组织专科研修班,提高会员的学养、交流教育教学心得和提升业务水平。教育会还促进校际交流,先后举行中小学生书法、美术、作文、英文、数学、改正错别字等共9项比赛,参加比赛的学生近2000人次。

图6-9 梁惠民老师与美术得奖学生合照
前左起:陈帼英、潘锦碧、姚丰、黄镇雄

第六章 大事记(新中国成立—澳门回归)

图6-10 何贤为乒乓球赛获奖者颁奖
左起：郭顷、尹君乐、黄枫桦、何贤、陈洁玲、区天香、林贤芳

5.政治对立,教育界分道扬镳

天主教会所办的学校,因政治立场不同,1950年代头两年,出现了一个退会潮。根据教育会两年的会务报告,1950年退出教育会的团体会员有圣若瑟中学、粤华中学、圣罗撒中学、鲍斯高中学、望德中学和培贞中学共六校,退会的个人会员117人,全部属天主教教会学校教师,其中极少数立场坚定一直保持会籍,但难以公开参加活动。1951年退出教育会的团体会员有中山中学、漫庵中学、宏汉小学和公进小学。这四校中只有公进属天主教学校,中山中学亲国民党,其余两校结束。退会的个人会员45人。两年合计共10所中小学,162人退会。同期入会的刚好也是10所学校:包括木艺公会子弟学校、百货小学、工余女子夜校、青洲小学、岭华中学、育全小学、劳工子弟学校、妇女民众夜校、航业公会小学、华侨民众小学。新入会个人会员212人。会员总数有少量增加。

6.面对社会的困境,教育会关注会员、教师福利

(1)减轻团体会员和个人会员的困难

1950年抗美援朝战争爆发,美国对中国包括港澳地区实行禁运,教师和全澳同胞一样,处于失业或半失业的状态。私校办学越来越困难,教师生活也纷纷陷入困境。

教育会的经费也有困难。负责人陈道根多次召开各校校长、主任会议,了解各私校的办校困难;还组织深入访问会员,了解到不少会员处于失业或减薪的困境中。1951年教育会以团结自救精神,开展福利工作,成立筹募福利金委员会,聘请何贤、马万祺、郭信坚、李瑞仪、李冬青和邝秉仁六位为福利委员开展筹募工作,公推何贤担任委员会主席。① 又向会员发出征求对福利工作意见书,举行会员座谈会,推动工作。在会内先由筹募福利金委员会和理监事带头认捐,接着获49校响应。然后发动会员、会友捐助,最后寓教育于福利工作,发动学生推销书签捐款,获45校学生响应。这次共筹得澳币4800.85元,港币616.5元。

(2)及时发放福利金,常设福利惠及非会员

筹募福利基金,及时发放生育、结婚、丧葬、失业、子女奖学金等福利金,解决会员燃眉之急。② 继而制订福利条例,会员反映良好。至1958年教育会还征得陈满、连云阁两位西医对教育会会员减赠优待;又获镜湖医院优待会员。之后理事会聘请的中西医事顾问增至七位:陈满、刘光普、连云阁、李德贞、谭伯铭、谭耀辰和赵余庆;而商洽优待会员的医疗单位增工人医疗所和街坊福利会中医诊所等。③ 1957年发放生活补助金共82校,其中有40多校为非团体会员;378位教师领取,也有不少是非会员。1961年至1966年五年内共发出各项福利金31000多元,受益教师1594人次。

图6-11 谭立明校长

(3)关心团体会员,获粤教育厅的资助

1953年教育会收集到团体会员希望得到资助以解决经济困难的意见。于是教育会争取到广东省教育厅的拨款,并委托教育会向有困难的私校赠送图书和教具。

---

① 《合力完成会员福利金运动》,《澳门新教育》1951年第3期。
② 《福利工作总结报告》,《澳门新教育》1951年第5期。
③ 1958年12月20日教育会理监事联席会议记录。

第六章　大事记(新中国成立—澳门回归)

图6-12　1963年第三十六届理监事合照
前排左起：林志宏、毕漪汶、林耀坤、张绍载、王文达、郭信坚、杜岚、谭立明、何贤、马万祺、陈律平、张晴晖、李瑞仪、梁松
后排左起：林德彰、刘天复、区肇华、陈瑶清、黄瑞焜、何天锡、尹君乐、黄德鸿、冼为铿、刘汉宜、陈学中、郭开基、李美霞、朱裔举

(4)关心会员子女

教育会继续发扬共办、共享的精神，函请各校救济教师失学子女，会员学校纷纷响应，定出中小学的免费学额给予教师子女。1953年教育会福利部又发放了会员子女书籍文具补助金。

(5)何贤监事长捐万元

1954年和1960年教育会再举行了两次小规模的教师福利金筹募活动，1957年何贤监事长根据教育会深入访问了解到教师生活仍较困难的情况，捐出一万元作为福利金。

(6)文教出版收入长期拨作福利基金

为发挥集体智慧，合力解决教学上的困难以提升教学效益，从1960年代中期开始，教育会由理事陈文光组织资深书法教师尹君乐、刘天复等长期义务编辑出版中小学生用的全套书法教材，包括幼儿园和小学一年级的红字簿，小学二年级上学期用的中楷字格、下学期用的大楷字格，三四年级用的大楷字格。继而在劳校教师自编的暑期课本基础上，宣教部编印出版小学各级暑期课本，供应各会员学校使用。贯彻共办共享精神，这些盈余全部拨作福利基金。

### 7.代办小额储蓄

1959年,中华教育会福利部部长陈瑶清主任在副理事长、经济学家陈律平校长的策划下,采取零存整付的存款方法,以每月五元为一份,将参加者小额存款集中成教育会的大额存款存入银行,以获得最优化的利息。年终从银行取回按份把本息送回参加的教师手上。该项储款从开始时300多份,发展至1966年的3100多份,大受教师欢迎。

这项服务一直发展至1979年,参加定额储蓄的共有教师559人,增至35585份。20年间金额增加百多倍。到阴历年终时,福利部还特为会员集体登记购买年货,包括白米、食用油和腊味等。①

至此教师福利工作得以巩固,并建立制度,设立了每年一次的生活补助和常设的多项福利。发放的金额也随生活指数调整。

### 8.扩大团结,成立教师文娱室

为广泛团结和丰富教师课余生活,1955年3月,教育会创办教师文娱室。由培正邝秉仁、康显扬老师担任正副主任,劳校钱明主任担任秘书,开展教师喜爱的文娱康乐活动。梁寒淡、蔡一山、林志宏、郭开基、李美霞、周落霞、梁曼芝等多才多艺的活跃人士负责策划工作,组织活动,每月举行文娱晚会,又根据当年教师的兴趣组织国乐、口琴和舞蹈小组,经常练习以备节日演出。

图6-13　教师粤曲组林志宏、劳婉芬合唱,国乐组伴奏

---

① 冼为铿:《在第四十二届理监事会会务报告》,《澳门教育》1974年第3期。

## 9.教育会栽花,校园、社会同结果

1952年教育会成立文娱委员会后,首先组织歌咏、舞蹈和戏剧三个小组,有60多人报名,定期练习,后来又组织国乐组。在节日上做到基本由几个小组担纲表演。这是教育会话剧活动的奠基阶段。

(1)为满足会员课余活动的体艺活动。1953年举办了教师的乒乓球赛和篮球队际赛,全澳教师的篮球队际赛,7队63人参加;全澳乒乓球队际赛,参赛的男子队有12队,女子8队,共93人。球赛受到欢迎,得以每年持续举办。后来又增加了其他球类和象棋比赛。队员兴趣和技能的提高促成男女子篮球队和乒乓球队的组队,参加全澳公开赛。在集体的切磋和激励下,澳门教育界出了不少好手。

图6-14 参加教育会教师男子篮球赛的七支劲旅大合照

(2)教育会的学员,学校的教练。这些文教体艺活动,开始是为满足会员课余活动要求而举办的,结果扩大了团结,培养和提高了教师的体艺兴趣和技能,参赛选手回到学校,成为开展学生体艺活动的主力,促进了校园活动。

(3)教育会的好手,全澳的良种。全澳篮球联会、乒乓总会、泳联等组织,教育会的体育队伍不少成为其主要成员,发挥知识分子的社会责任。1958年中华教育女子篮球队还在全澳锦标赛摘冠。

教育会的工作能兼顾会员的学养提高和课余生活丰富,更能惠及弱势群体,共度时艰。内地同行分析,澳门中华教育会既有工会的功能,又发挥学会的作用,是教师的大家庭。

图6-15　教师女篮英姿
领队:副理事长李瑞仪(后排右一),教练:颜国瑞(后排左一)
队员:后排左二起,黄正仪、梁志琦、黄慕贞、张秀松(队长)、陈惠兰、赵淑陶
前排左起,缪嫠安、陈慧筠、陈锦钿、麦穗芳、李洁芳

(三)欣逢经济转机,开拓会务大有作为

20世纪50年代末60年代初澳门经济有了转机,教育会会务更能针对会员新的需求,在原有的工作基础上,坚持会章宗旨,理监事齐心协力,勇敢进取,迈步开拓新局面。

1.增强青少年体质,学生运动大会办成全澳盛事

图6-16　1959年第二届学生运动大会主席台

第六章　大事记(新中国成立—澳门回归)

中华教育会理事会和多校体育教师均热心开展体育活动,经认真研究,1957年由副理事长兼康乐部部长李瑞仪担任主任委员,名为学界田径运动邀请赛,特邀培道、广大、孔教、银业和崇义五校举行体育竞技联欢,在其他学校也引起良好反响。因而教育会决心克服客观存在的困难,联系全澳体育界人士,创造条件,促进全澳学生的体育,关注下一代体质的强健。接着1958年假莲峰球场举行第一届运动会,正式命名为"澳门学生运动大会",广泛邀请澳门热心体育的人士和体育教师组成委员会,由理事长谭立明担任主任委员。这次运动会获广泛赞助,各校热烈响应,40余校700名中小学生进行了74项田径比赛,2000名体操运动员进行多项体育表演。赛场工作人员74人,其中包括了大部分澳门体育界专业人士,担任各项工作的校长、主任、教师和学生共300人。运动会第三届开始与学联合办,而且越办越好,成为澳门一年一度的盛事。至1962年因莲峰球场改建停办。

图6-17　1960年与学联合办第三届学生运动会

1969年运动会复办,先举办一届邀请赛,以便各校"热身",然后续办第六届全澳性的赛事。教育会这项赛事对增强学生体质和提高澳门学生体育成绩起了全面性和奠基性的作用。特别获各中小学广泛参加,办成了全澳一年一度的全城盛事。自1969年恢复举办以来,澳门学界体能有明显提高。由于工作不断改进,越办越好,囊括全澳体育界精英好手,每年有不少项目纪录翻新。

图6-18　学生运动大会的运动员进场

### 2. 会务发展的需要,筹建永久会址

从1949年选出第二十二届理监事到1965年的第三十七届理监事,教育会经十多年的努力,工作已迈上新的台阶,深感借用中华总商会的会址约束了会务的发展。有了初步稳健的人力、物力和财力的基石,加上理监事的信心和决心,在各界人士的鼎力支持下,1966年1月8日第四十三次会员大会上教育会通过了筹设一个永久的、固定的会址,交由下届理事会执行的决议。教育会自1920年成立以来,一直是借用学校、后来借用中华总商会屋舍来办公。1966年4月12日由理事长谭立明领导成立"澳门中华教育会筹募建设会址及文教福利经费委员会",决心筹置自己的会址。

这次共筹得澳币129587.07元,港币161287.53元,另有银行利息及港币兑换澳币余额。经过全年的努力,该会以澳币180000元购得家辣堂街1–3号为永久会址,再拨45000元作为福利基金。①

---

① 1967年来4月13日第三十八届理监事第四次联席会议记录。

## 二、"文革"十年

### (一)与全澳同胞团结一致争取反迫害斗争的全胜

#### 1.一一·一五事件

1966年离岛氹仔各业工人、坊众自筹经费为当地居民子弟办学,租赁氹仔施督宪正街四、六、八号旧民居装修作校舍,向当地市政机构申请了24次,仍被当地官员拖延。再一次申请后,由于开学日期所限,于11月15日准备开工。葡警则以不申报自行开工为由,即命立即停工。坊会负责人尽力申辩,官民各执一词,无法沟通,两百多警员出动用藤牌胶棍打伤施工工人和前来的工会负责人以及闻讯前来采访的澳门各日报记者,并强行抢走记者的胶卷。被殴打的合计34人,《澳门日报》到现场采访的记者陈冰被扣留两小时,当日更有5人被拘押一宵。①当晚政府还干预日报对事件的真实报道,《大众报》的报道被禁止,版面出现"开天窗"。这完全是19世纪葡殖民主义者在非洲镇压殖民地人民的野蛮手段,却在20世纪的澳门重演。此事史称"一一·一五事件"。

#### 2.一二·三事件

11月18日氹仔居民和学联分别提出惩凶和不得阻挠办校等多项要求。澳葡当局置之不理。11月22日中华总商会代表、立法委员、华人代表何贤主持了澳门各界同胞代表四百人的大会,一致声讨澳葡政府的暴行,维护同胞的合法权益和人身安全。各业工人又纷纷集会抗议,派代表到澳督府和平请愿。中华教育会发动师生参与和平请愿,也组织学校分批到澳督府递信请愿,声援离岛工人和坊众,敦促当局接受氹仔居民和学联的要求。②

12月3日,澳门濠江中学、广大中学、银业小学、妇联子弟学校和菜农子弟学校五校师生代表到澳督府要求澳督接见,递交请愿信,集体朗读毛主席语录。官方非但不接见、不接信,还出动军警暴力镇压,从二楼驱逐师生。师生先后被

---

① 谢后和,邓开颂:《澳门沧桑500年》,广东教育出版社,2014,第266-267页;黄启臣:《澳门通史》,广东教育出版社,1999,第498页。

② 谢后和,邓开颂:《澳门沧桑500年》,广东教育出版社,2014,第266-267页。

军警连拖带推逐到楼下,聚集在澳督府门口,又被开来的水车驱逐。

图6-19　五校师生到澳督府递交请愿信,在门外读毛主席语录

图6-20　五校师生在澳督府二楼要求澳督接见、接信,葡方竟暴力镇压

第六章 大事记（新中国成立—澳门回归）

图6-21 军警包围师生，然后武力驱逐师生到楼下

图6-22 葡军警水车射向聚集在澳督府门前的被从二楼逐下的师生

图6-23　葡军警向居民放催泪弹,青年掷回

图6-24　廖静之老师严斥葡军用藤牌胶棍向师生和市民施暴

附近市民闻讯关注师生的安全,有的冲入澳督府支持,有市民在冲突中受伤,更多的奔走相告。特别是出租车司机和小贩,这两行业平日饱受葡警处罚敲诈,旧恨新仇,让他们十分激愤,他们把澳督府内师生被施暴讯息带到全澳每个角落。

有司机在手臂缠上红十字布白条,有的在出租车头天线上挂上有红十字的白旗,有的甚至用脱下的白衬衣,开着扩声器,反复播放讯息。师生、家长和市民涌到澳督府前和南湾澳督府一带,以至新马路及议事亭前地,一时万人空巷。面对十分混乱的情况,防暴警察继续增援,出动防暴装甲车,向市民射水、扔催泪弹,挥动胶棍殴打群众。

由于长期被欺压,澳门广大的华人对殖民主义的积怨和痛恨,如火山爆发。人群涌到澳督府守候,涌进市政厅拆除挂在墙上的历届澳督照片,涌到议事亭前地,开动汽车用钢缆拉下竖立于广场中心的葡军官铜像。平日欺负市民最横蛮恶劣的市政稽查,号称"大面包"的一位,被市民痛殴。

最后在晚上六时政府宣告戒严,并向路人和开窗探头的无辜者开枪,任意杀人,晚上也开枪射杀无辜路人,造成8死,212伤,62人遭逮捕的"一二·三事件"。

图6-25 愤怒的市民聚集在议事亭前,用货车、钢缆将竖立在市政厅前的侵略者全身铜像拉下,以发泄长期受殖民统治者欺压的积愤

全澳华人团结抗争,得到祖国人民、香港同胞和海外侨胞声援,最后组成了"澳门各界同胞反对澳葡迫害斗争委员会",推举工会联合总会梁培、欧阳婉娴,中华总商会何贤、马万祺、陈直生、叶子如,中华教育会谭立明,妇女联合会谢淑仪,学生联合总会容宝山,新闻工作者联会赵斑斓,中华医学会梁志辉,两离岛代表阮子荣、余多共十三人为代表。

全澳同胞在反迫害斗争委员会的统一领导下,采"不纳税、不为葡人服务、不卖物品给葡人"的"三不"措施。由于群众充分参与,形成强大压力,加上广东省外事处提出严正谴责,12月11日《人民日报》发表评论员文章《严厉警告澳门葡萄牙当局》,代表中国政府和人民的声音。澳葡当局接得里斯本指示,于12月12、13两日通过澳门电台宣布全部接受广东省外事处和全澳同胞反迫害斗争委员会的要求。澳葡被迫于1967年1月29日由澳门总督嘉乐庇签认罪赔礼书,亲手递交给澳门同胞代表梁培,并无条件接受广东省外事处和澳门同胞提出的全部要求。

图6-26　1967年1月29日澳督嘉乐庇向澳门同胞代表梁培递交认罪赔礼书

图6-27　由澳葡秘书长波治向广东省外事处官员递交承诺书
十三代表出席了仪式。前左起:容宝山、谭立明、梁培、何贤、阮子荣、谢淑仪
后左起:陈直生、余多、梁志辉、欧阳婉娴、赵斑斓、马万祺、叶子如

澳葡除认罪赔礼之外,还按广东省外事处要求,驱逐在澳门一切蒋帮组织并取缔其在澳一切活动。爱国团体有所发展,全澳各街区纷纷成立坊会,最后促成街坊总会于1983年成立。

中华教育会自始至终发动会员充分投入,积极组织领导各会员学校参与并在过程中教育学生要继承和发扬爱国团结的光荣传统。教育会理事长谭立明是十三位代表之一,在团结斗争中发挥重要作用。

图6-28　1969年第四十届理监事就职后合照
前排左起:林德彰、陈学中、陈律平、何贤、杜岚、张晴晖、冼为铿、陶俊棠、李瑞仪、林显富、林耀坤、陈瑶清、陈月新
中排左起:王秀瑛、黎琼珍、毕漪汶、刘汉宜、罗志雄、杨道炘、伍华佳、陈寿庭、邓凝、郭开基、张思燕、范爱琼、马敏华
后排左起:何颂恒、区肇华、尹君乐、刘天复、邓显基、谭新煜、霍文彬、胡培周、何德明、黄励治、康秀玲、谭绮梨

### (二)葡国军人推翻独裁政权,澳葡管治有所革新

1974年4月25日,葡萄牙部分年轻军官发动政变,一举推翻萨拉查的独裁统治,宣布走向民主共和,实行非殖民化政策,宣布放弃殖民主义,释放政治犯。11月19日葡萄牙政府派李安道出任新政府首任澳督(任期为1974—1979年),对澳门的管治政策开始有所改变。1976年澳葡政府通过《澳门组织章程》,成立

临时立法会,实施总督与立法机构双轨立法制度。①

澳督李安道主动通过蔡高中学林汝升校长,征求中华教育会意见,有意委任教育会理事长冼为铿为立法会议员。教育会建议政府委任培正中学校长邝秉仁代表教育界为立法会议员。

图6-29　1974年五一劳动节监事长何贤致辞
后排右起:钱明、尹君乐、区金蓉、陈学中、陈律平、冼为铿、李瑞仪、林汝升、毕漪汶

### (三)群策群力,在办公楼上加建大礼堂

新会址购得,办公楼建起后,会员情绪高涨,为了发展需要,1967年,决定再加建第三层作为大礼堂,也获理监事、部委、会员甚至部分家属支持,积极主动参与义务劳动。新会所1968年落成应用。教育会在成立47年之后,才有自置的会所。两年间,自置会址工作激发了会员的爱会热情,涌现大批积极分子,壮大了队伍,进一步提高了会员的归属感,同时巩固了澳门教育界团结、爱会的优良传统,是无价的收获。

---

① 刘羡冰:《世纪留痕——二十世纪澳门教育大事志(增订版)》,澳门出版协会,2010,第102页。

图6-30　1967年扩建办公楼,会员和家属义务劳动,搬沙运石

图6-31　加建后的教育会新办公楼

## (四)力争改善教师待遇

由于澳葡政府长期不承担公共教育事务,95%的澳门华人子弟长期就读私校,其中约半数就读义学或社团开办的低收费、通过筹募支持的半义学。教师待遇水平大多与底层劳动者持平。为此,中华教育会从20世纪50年代初开始,把力争改善教师待遇,稳定教师队伍作为教育会历届理监事的重要任务。60年代,澳门经济开始有所发展,除旅游业外,形成制衣、纺织、玩具等工业门类。全澳居民生活有所改善。另一方面,由于工商业的发展,社会增加了对知识分子

的需求，不少教师，特别是不少男教师转业，资深教师流失和师范生入学率递减，成为教育界的危机，后继堪虞。60年代，中华教育会已致力于解决大多数教师长期待遇微薄的困境，多次向各学校负责人和办校团体，提出了调整教师待遇的建议，希望各校根据实际条件，逐步调整教师薪金福利。

对教育会的这些建议，团体会员一致认为，关心教师的生活，才能稳定教师队伍，学校才能办好。因此各校均想方设法，或加薪，或发放津贴，根据各校的情况，对教师的待遇，均有轻微的改善。

到了70年代，澳门社会经济稍见好转，但物价又不断上涨。澳门教师的待遇仍然很不合理，为养家，不少热爱教育工作的男教师，被迫转了行。有的为了子女的教育，宁愿百上加斤，日夜兼教，每周三四十节课。

中华教育会深感教育工作属社会服务性质的公共事业，有必要争取社会的关注，加强与社会的联系，让广大市民，特别是学生的家长关心教育，关心教师的生活。同心协力，才能办好教育。于是从70年代开始，教育会着力向社会呼吁，全澳教师绝大多数薪金低微，生活困难，但他们仍然坚持教育工作，精神可贵，值得表扬！在物价不断高涨的情况下，社会应理解提高学费的必要，让教师生活有所改善，使学校能继续生存发展。①

### 1.呼吁各校及社会关心教师生活待遇

1972年5月31日，中华教育会举行了各校代表座谈会，理事长冼为铿与各校负责人商讨切实改善教师的生活待遇问题。与会者一致表示响应教育会的号召，从1972年度上学期开始提高教师的薪金。

1973年5月教育会再度召开座谈会，再一次广泛听取意见，具体深入研究如何解决教职员工的生活问题。出席座谈会的各校校长、主任非常踊跃，大家对于教育会关心教职员工生活的号召，表示拥护，因此经过反复酝酿、协商，各校先后两次调整了教职员薪金。座谈会取得了积极的成果。1972年和1973年春节前，教育会建议和推动各校发放教职员工生活补助金，也得到了各校的响应和支持。

---

① 冼为铿：《高举团结、胜利的旗帜，奋勇前进！——第四十一届理事会会发出务报告》，《澳门教育》1972年第2期。

### 2.代购大米、食用油以及年货,减轻教师经济负担

为会员节约开支,教育会理事会从1973年3月开始,由福利部代教师购买质量好、价格便宜的批发价的大米和食用油,减轻教师的家庭负担。此举深受教师欢迎。其中略有余款又反过来支持各项福利支出。这项工作坚持多年。

### 3.小额储蓄持续,金额20年增百倍

由1959年开始的为会员服务的小额储蓄,由300多份发展至1966年的3100多份,至1979年,参加小额储蓄的教师共有559人,合计35585份。20年间金额增加百多倍。可见此工作成为利民之举,大受欢迎。这项服务一直发展至1979年,从未间断。

## (五)忠于会章,"文革"期间仍开展不少本职服务

### 1.十年间,教育会持续举办师生的学术活动

在教育教学业务方面,为满足会员要求,教育会也如常地做了大量工作:

图6-32　1978年第五届全国人大港澳代表合照
澳门四代表:前排左四柯正平、左六何贤;第二排左六梁培;第三排左五冼为铿

(1)举办全澳学生书法、美术、劳作习作陈列活动

教育会曾举办小学劳作和自然科习作陈列活动,供师生、家长参观交流。

作者、作品均过千,参观者过万。

图6-33　1976年第十届学生运动会冼为铿致开幕词

图6-34　学生运动会花队和旗队组成的进场式

(2)举办教师学术活动

由于澳门缺乏师范教育,绝大多数教师都是在工作中摸索经验,或校内以老带新,因而学术部应教师要求,及时举办各类进修班,科学、教育、教学专题讲座或经验交流座谈。特别邀请香港资深学者梁鉴添博士、黄展华先生来澳主讲数学和英语教学。70年代开办了由杨秀玲老师任教的"英语教学进修班"和"小学英语教学进修班",由胡培周主任任教的"小学语文业务进修班"和黄就顺老师任教的"地理教师进修班"。从60年代末先后举行了"体育教师座谈""关于做好家访工作""关于做好班主任工作""关于小学语文知识和国际音标知识""小学英语教学座谈""中学英语教学座谈"等,参加的教师都很踊跃。《澳门教育》编辑部组织专题笔谈"学生是否越来越难教",发动资深教师发表心得。为了方便教师使用教育会编辑的新课本,教育会专门组织新编课本的示范教案,还特别邀请文字学专家陶俊棠主任针对新课本中容易读错的字,在《澳门教育》专栏连载特稿《文课析音》。另外,教育会还组织小学各级语文教师分级进行集体备课,达到业务交流的目的。

(3)编印小学语文、英语课本,制定小学算术教学大纲(草案)

宣教部先后多次组织资深教师杨惠初、林曦、张耀辉、郭瑞萍、李月娴、黎琼珍等,按时代要求,加强思想品德教育,系统讲解语法修辞知识,编辑出版幼儿园至小学共九个年级的语文课本十八册,除被会员学校采用外,也获香港爱国学校采用。这些工作在发动各校派出资深教师参与,精英云集,以老带新,共同为该会的文教工作献出智慧的同时,还减轻了家长负担,也为会员福利做出贡献。此外,教育会还编辑出版历史课本、英文斜体行书字帖等,所有收益连同《澳门教育》部分作者稿酬都交给福利基金,救助有需要的会员。

(4)开办教师才艺兴趣班

教育会还利用暑假为会员安排进修课程,邀请资深教师,甚至专家学者讲授,除提高教师教育教学专业素养外,还满足会员的才艺发挥和兴趣培养的需求。在这十年内先后办了普通话班、英语国际音标班、珠算班、书法班、小提琴班、手风琴班、摄影班、缝纫班、针织班,其中有一届的,也有多届的,除满足教师兴趣外,还有利于教学。这些活动绝大多数由擅长的会员任教,如陶俊棠、尹君乐、刘天复、薛力勤、陈月新等等。[①]

**2.续办全澳学生运动大会第六至第十届**

1969年5月教育会克服困难继续举行"澳门学生田径邀请赛",有千人参加。1970年开始与学联一道复办第六届"全澳学生田径运动大会",以后继续

---

① 散见《澳门教育》1966—1976年各期。

举办,越办越好。直到1976年办第十届,虽然每校每项参加人数有所限制,但每年参赛运动员均过千人,亦囊括全澳学生中的田径精英,创下大批全澳最高纪录,成为澳门盛事。

### 3.坚持戏剧及教师体艺活动

康乐部每年除举办教师男女子乒乓球、篮球赛之外,还经常组织教师演出各类文娱节目,特别是配合社会宣教的话剧演出。这十年先后排演大型多幕剧《南海长城》《刘胡兰》《年青的一代》,戏剧组得到成长。还由邱子维老师创作四幕话剧《红梅花开》和独幕剧《阿翠》,朱杏儿老师创作讽刺剧《黑宫魔影》,做业余演出。这些创作贴近社会现实,配合了社会宣教。为提高剧艺水平,教育会也组队前往广州话剧团观摩学习。

图6-35　话剧《年青的一代》剧照
表演者:左起邱莲香、陈渭泉、陈国镳、赵瑞霞

本澳文艺活动中,也有教育界的贡献。统计20世纪60年代至70年代初,在戏院公演共二十多场,观众超二十万人次。70年代中,多幕剧的演出需集中人力、物力资源,对技艺质量有相当要求,康乐部担子重,其他部理事也常鼎力支持,甚至亲自登台。①

---

① 散见《澳门教育》1966—1976年各期。

图 6-36 戏剧组成员合照
梁锦辉、林显富(康乐部长)、邱子维(剧作者及导演)、王文常(康乐部副部长)
邓显基、唐珩年、岑美娟、冯慧梅、黄活麟(宣教部副部长)

## 三、改革开放的前十年

### (一)澳门教育稳步发展的新条件

#### 1.改革开放恢复高考

1977—1987年的十年,祖国恢复正常的秩序,实行改革开放,不断取得新的成就。澳门也出现和谐稳定、顺利发展的好势头。中华教育会在良好而又复杂的条件下,开创了新的局面,取得一系列新成绩。

1977年内地恢复高考,并同时宣布接受港澳学生投考。当年应届毕业生许多已经就业,又无心理和应考的准备,因而报考者寥寥,仅十多人,而被录取者仅一人。[①]随后澳门考生逐年增加,亦有部分已经就业的青年辞职求学。澳门初中升高中比例也迅即提高,大大增强了澳门的学习风气,弥漫十年的读书无用论,顿失市场。

---

① 刘羡冰:《世纪留痕——二十世纪澳门教育大事志(增订版)》,澳门出版协会,2010,第105-106。

## 2.东亚大学的创办

1981年香港律师胡百熙、工程师黄景强和新加坡商人吴毓麟三人合资来澳门开办东亚大学,获澳葡政府拨出氹仔观音岩兴建校舍。该校初办主要是适应香港就业人士提高专业知识和专业资格的客观需要,从为香港服务开始,渐渐也增加澳门本地学生,使不少澳门在职青年获提高文化素养、获得专业知识的机会。首任校长为薛寿生教授。该校开设本科学院、进修学院、公开学院、理工学院和预科学院。①

## 3.经济好转,人口回升

全澳学生从1978年的37530人,激增至1983年的59910人,再增至1985年的65898人,8年间学生增加76%。②

1970年全澳人口248636人,至1981年普查,降至241729人,再十年后至1991年微升至255693人。受地缘政治影响,澳门人口变动长期属机械增长,因内地政治事件而涌进,因事件平定而退回。但这一回,祖国改革开放,外来人口中,不乏高级知识分子,对澳门专上教育和高中师资,无疑是输进新鲜血液,有利于社会,特别是有利于教育的发展。虽然有少数人不久即出国,但留澳成为永久居民的占多数。与此同时,又有数以万计的非法入境者,形成大量无证人口、黑户居民,包括无证学生,衍生不少社会问题。

## 4.中葡建交教育会率先开拓官民合作

葡萄牙政府自1974年四二五革命后,明确澳门是中国领土,暂由葡国代管。1975年1月6日葡萄牙外交部发表公告,声明中华人民共和国是中国唯一合法代表,台湾是中国的一个组成部分。又于当年12月19日至31日撤走千名葡萄牙在澳的驻兵,结束澳门独立地区司令部。中葡两国再经13个月的谈判,于1979年2月8日正式建立外交关系。

---

① 刘羡冰:《世纪留痕——二十世纪澳门教育大事志(增订版)》,澳门出版协会,2010,第107。
② 刘羡冰:《世纪留痕——二十世纪澳门教育大事志(增订版)》,澳门出版协会,2010,第105、109、112页。

第六章　大事记(新中国成立—澳门回归)

图6-37　1979年教育会组团回内地参观旅游

内含：郭开基、高兆兰、毕漪汶、区金蓉、冼为铿、黄友谋、陈律平、李瑞仪、卢贺炯、尹君乐、陈瑶清、杜岚、陶俊棠、王文达、刘汉宜

1979年国际儿童年，教育会举办儿童书法、绘画比赛，首次打破教育会与天主教学校三十年的隔膜，也首次打破中葡艺术界隔膜，葡国画家杜连玉不但乐意担任赛会评判，更主动要求澳葡政府文教官员接触并资助中华教育会的学生学术活动。1981年第三届绘画赛教育暨青年司司长碧加路接受聘请为赛会名誉顾问，政务司司长黎祖智主动来参观得奖作品展览，并给予好评。这首次打开官民来往大门，顺应了中葡建交的新形势。接着政府教育暨青年司专门成立私立教育辅导处，选用精通粤语的土生葡人施绮莲当处长。自此，双方真诚推动官民的沟通与合作，开创了新局面，顺利解决了不少历史积压的问题，有力地推动了全澳教育的管理和发展。

**5.最早的回归喜讯引发治澳人才的大问题**

1984年12月19日《中英联合声明》签署，确定1997年7月1日香港将回归祖国。1984年10月6日，邓小平在接见澳门知名人士马万祺时，提到澳门问题也将按香港模式和原则解决，即"一国两制"、"澳人治澳"、高度自治，博彩业可以继续存在。从1986年6月30日起，中葡两国代表正式在北京举行会谈。谈判过程基本顺利，其间葡方曾要求到21世纪初才交还澳门，中方坚持在20世纪完成港澳的回归大业。1987年4月13日《中葡联合声明》签署，也确定了中华人民共和国将于1999年12月20日恢复在澳门行使主权。

　　这些大变革对澳门各方均产生了巨大影响。由于澳葡政府中，高中层公务员一向由葡国派来的官员担任（到回归前半年，仍有中、高层职位是葡人）。少数本地土生葡人因懂葡语而有机会任职。华籍公务员只能任底层工作。纪律部队中警官基本上全属葡人。如何顺利过渡，过渡后如何顺利运作，必须解决三大问题：一、法律本地化；二、公务员本地化；三、中文成为官方语言。

　　当年新华社澳门分社宣传文体部副部长、中华教育会前理事长冼为铿向澳门政府社会文化政务司司长黎祖智建议，必须抓紧这十三年的过渡期，让华籍公务员和青年学生赴葡学习葡语和现行的葡国法律法制，同时，让愿意继续留在澳门的葡籍公务员（其大多数为土生葡人）到中国学习汉语和中国的公共行政制度，以便通过双方语言的沟通，进一步理解行政和法律等方面的差异。此建议得到黎祖智的同意。①

　　于是双方安排公务员自愿报名，轮流到中国和葡国进修，1986年热心教育人士黄保铨组织大专教育基金会，资助澳门大学毕业生赴葡进修法律；1985年和1986年工人业余进修中心和商训夜中学分别开办公务员中文课程。

　　以上措施为顺利回归做了积极的准备。

### （二）指向归程的工作准备

#### 1. 提高教育专业素质的工作大受欢迎

　　乘祖国改革开放的大好形势，教育会在这期间汲取了教训，要按群众实际需要办事。教育会先后开办了英语、地理和数学三个学科教师进修班，由杨秀玲和黄就顺等三位会员担任。大批内地和香港专家学者应邀来做专题讲座。

---

① 冼为铿口述。

第六章 大事记(新中国成立—澳门回归)

图6-38 教育会举行数学专题报告会

图6-39 幼儿心理学课程很受欢迎(站立前排左起第十为陈淑安女士)

### 2.丰富教师课余生活,满足会员多方面的需求

教育会康乐部的工作是十分繁忙的,除节日表演节目、球队的组织、会内的比赛和会外的参赛之外,随着时代发展,还举办新颖的活动。

(1)话剧活动的演出和交流,为澳门剧运留下珍贵史页

教育会话剧组是康乐部下属的组织,成员都是在职教育工作者,出于兴趣,以及教育会工作的需要,从20世纪50年代初教师文娱室开始,教育会的戏剧活动一直是康乐部的重要工作。一群对话剧有兴趣爱好的教师,自觉利用业余时间,先后排练演出不少独幕和多幕话剧。

邱子维老师为戏剧组创作了五幕剧《枫叶红了的时候》,于1977年在永乐戏院举行全澳同胞庆祝国庆大会上演出,之后又应邀为商训夜中学以及工人康

乐馆演出,三场均大获好评。1978年元旦演出《警官、神女、流浪汉》,2月又参加工人康乐馆《春节游艺晚会》演出;1979元旦演出《后台春秋》;1983年元旦演出《结婚二重奏》;《家传之宝》和《满城风雨》两剧则参加了1986—1987年春节汇演。如此频率,可比专业剧团,可见成员的热诚与刻苦。教育会话剧组成员在排演中自我提高,又大多能推动学生的戏剧活动。

1981年6月28日话剧组与海燕剧艺社、晓角业余戏剧研进社、澳门剧社和香港青云剧社一起观摩演出,合办港澳五剧社的联欢活动,出席者达150余人。各单位分别演出澳门剧社的《飞越疯人院》,海燕的《雷雨》,晓角的《马》,教育会的相声和海燕的合唱。

1982年,"发展澳门学界戏剧活动座谈会"在教育会会议室举行。出席的有东亚大学梁后养、程祥徽、海燕剧社张兆全、濠江中学邱子维,留美戏剧硕士周树利,沙梨头小学区天香,中华教育会理事长毕漪汶、康乐部部长林显富、宣教部部长刘羡冰、宣教部副部长黄活麟,该座谈会由宣教部部长刘羡冰主持。

(2)文体康乐活动功能多元,果实丰盛

教育会的文娱康乐、体艺活动从五十年代初租用、借用礼堂进行,到九十年代有自己的、全层的礼堂,工作都建基于教师的爱好和需要,多彩多姿,遍地开花。银业公会礼堂、培道中学礼堂、工人体育场礼堂、卢廉若公园的春草堂都留下教育会各种晚会的记忆;劳校、濠江、镜平甚至青洲小学的篮球场,都是教师活动的集散地,成为年轻教育工作者长身体、长才华、长友谊的圣地。

(3)多元的课程和活动,适应会员不断增长的需求

随着会员的增加,教育会为教师开办的课余活动也随之增加。旅游活动的目的地除广东省风景区七星岩、西樵等名胜之外,还有长线北京、南京、上海、杭州、桂林,革命圣地井冈山、韶山等。此外,每年特别组织有针对性的参观,例如参观各类型的学校等。教育会并协助各校组织小学毕业生到中山旅行。组织会员到祖国西北、西南、海南岛、黄山、庐山等地,让会员接触祖国辽阔的国土,增广见闻,还适应会员的不同要求和其他部门合办购书、购物、购年货的两日游。

图6-40　全体理监事往港参观培侨新校

每年除了篮球、乒乓球赛如常举办之外,迁入新会址后,又增年度的台球赛,还曾邀请象棋总会的高手来演讲,传授棋艺。[①]

为满足教师不同要求,福利部长期开设缝纫班,还新增裁剪班、针织班、绢花班,随着会员的增加,为教师开办的课余活动也随之增加。在烹饪班基础上,再办西菜班、烧烤班、点心班,按实际需要,又办气功班、舞台化妆班等。在初级摄影班的基础上,又开展集体外出摄影活动。教育会贯彻群办群享精神,大多物色有研究的会员任教,例如毕业于日本神户女子高级技艺学校的福利部副部长陈月新老师就夏季教缝纫、裁剪,冬季教针织,年年开班,桃李满门。也有由会员推荐或外聘名师任教的。

福利工作除大幅增加福利金额外,又增加了每年春节前向年老及有病的会员赠送慰问金以及会员子女奖学金等新事项。

## (三)发展学生多元智能,形成三大长寿赛事

### 1.全澳学生绘画比赛开启新局面

1979年为庆祝国际儿童年,教育会假圣罗撒女子中学中文部举办全澳小学生书法、绘画比赛。得到全澳学校、学生和家长普遍欢迎。共33校970名小学生参加,其中天主教学校11所,葡文学校3所,葡国学生50多人首次参加华人

---

[①] 冼为铿:《第五十一次会员大会理事会工作报告》,《澳门教育》1982年第1-2期。

举办的活动。翌年,因学联举办书法比赛,教育会只举办绘画比赛,而扩展为全澳中小学学生的比赛,参赛学生很快过千。教育会专译并派送葡文章程,这项赛事先后参赛的除华籍学生外,还有葡、英、朝学生参加,不但成为一年一度的学界盛事,更成为旅游界列入的澳门年度盛事,各国游客到场参观的美术嘉年华。而且一项赛事,引出多重意义,是会史上的奇迹。[①]

(1)打破教育界三十年的人为隔阂

教育会首次选择一个国际性的节日——国际儿童年,又第一次假借天主教学校圣罗撒女中举行(该校校长刘慧智修女与赛会主任委员刘羡冰是该校高中阶段的同班同学,因此一切给予支持),不但工作顺利,而且首次打破1950年天主教学校和教师退出教育会以来的隔阂,也打破不同国籍学生之间的隔阂。

图6-41　1979年在圣罗撒女中中文部天台教育会负责人与中葡画家合影
左起:冼为铿、杜连玉、郭士、李瑞仪、招云峰、戴多富、甘长龄、毕漪汶、刘羡冰

---

[①] 冼为铿:《第四十六届理事会工作报告》,《澳门教育》1982年第1-2期。

图6-42 教育会宴请鼎力支持的澳门著名画家
左三起：葡国画家杜连玉、教育暨青年司司长碧加路；左六起：澳门画家关万里、余君慧、陆昌

（2）首度聘请葡国画家当裁判

比赛聘请全澳著名中国画家如郭士、关万里、陆昌等，也首次邀请葡籍画家如贾梅士博物馆正副馆长江连浩和戴多富，工程师施利华等作为赛会评判。葡籍艺术家过去极少受到华人团体的尊重，甚至仅与个别艺术家来往。此次受邀，他们十分兴奋，倍加热心，除动员葡国学生参加外，还捐赠奖品费和另设奖学金，工程师施利华还自选有天赋的幼儿，加以奖励，更热心培养艺术幼苗，在自己的别墅，以自助餐招待获奖者，并备珍藏名画让学生观赏。随后又介绍更多葡籍画家如杜连玉、马若龙等参与评判，结交了朋友，也促进了中葡友谊。

（3）葡高官首度应邀出席，全澳首次打开官民沟通大门

1981年第三届绘画赛教育暨青年司司长碧加路接受聘请为赛会名誉顾问，政务司司长黎祖智主动来参观获奖作品展览，并给予好评。至1983年第五届全澳绘画比赛时，政务司司长黎祖智，也接受聘请担任名誉顾问，主动前来观赏并亲临颁奖现场。

澳门中华教育会史

图6-43　第八届绘画赛颁奖礼在市政厅举行，教育会负责人与政府官员、中葡顾问和中葡评判合照

图6-44　第16届全澳门学生绘画比赛在议事亭前举行，成为澳门的美术嘉年华

(4) 促进美育及人才成长

该项赛事的比赛地点每年更换。澳门热土大炮台、大三巴牌坊、卢园、议事亭前地、离岛观音岩、黑沙海滩……均做过比赛地点。

1985年3月教育会联同澳门美术协会、颐园书画会举办了第一届澳门青年美术作品展览。十帧优秀作品获送北京参加全国青年美术展，其中两帧正是教育会第六届比赛最优秀的中学生作品。

1985年5月教育会又主办了全国首届少年儿童"小百灵"电视赛歌会澳门区选拔赛,并组织冠、亚军获奖者由教师陪同赴京参赛。

**2. 全澳学生朗诵比赛,促进中外语言教学水平的提高**

早在1977年元旦,教育会宣教部就举办了小学生诗朗诵和讲故事表演,获13校220名学生参加,接着在五四青年节举办中学生朗诵会,170人参加。

在全澳绘画赛走上轨道后,教育会宣教部策划举办对学生具有积极作用的朗诵比赛。经香港朗诵界元老何家松、麦思刘,诗人何达的热心推介和支持,提供香港朗诵节的工作经验,教育会1983年和1984年组织澳门学生参加朗诵观摩交流后,于1985年5月11日,举办第一届全澳学生朗诵比赛,首获教育文化司赞助部分经费。参赛的大、中、小学共22所,集诵56队,独诵153人次,2000多学生无一迟到,无一弃权。比赛设普通话、粤语、葡语、英语和日语等语种,再分专上、高中、初中、高小和初小五个组,再分设独诵和集诵。赛会聘请各语种专家担任评判,得各大专院校教授支持,和绘画赛一样,评判必须不是现役澳门中小学任课教师。该赛评判囊括全澳文人雅士,甚至高官和商界精英,参赛人数有限额,但总数每年均以千计,参赛者也曾有葡籍、日籍学生。[①]该比赛也一直延续至今。该项比赛对语言教学有明显的促进作用。

图6-45　第一届全澳学生朗诵比赛工作人员合影

---

① 《第一届学生朗诵比赛》,《澳门教育》1985年第3-4期。

图6-46　小学生集诵优秀队伍

图6-47　第十届全澳学生朗诵比赛工作人员合影

由于该项赛事获普遍认同和肯定,亦明显发挥促进教学的积极作用,参加的学校越来越多,其中有不少非教育会的团体会员学校,因而引发1979年成立澳门天主教学校校长联会,决定另行筹办朗诵比赛。天主教学校校长联会的朗诵比赛也坚持多年,与教育会的比赛同日举行。

**3. 全澳学生趣味科学比赛,活跃学生科学创新思维**

由于经常邀请香港学者专家来澳演讲,教育会对外交往频繁。1987年4月18日香港学者协会热衷培养青少年科学兴趣的四位负责人葛时俊、方明、柳启瑞和莫汝兴专程来澳门推介香港已经开始的中学生趣味科学比赛。1990年比赛题目为"中学生穿梭机设计",并接纳澳门代表队参加香港的比赛。[①]从此,在香港学者协会的扶掖下,教育会每年在澳门举行校际比赛,派优胜队伍往港参赛。

图6-48　1990年开始获香港学者协会接纳澳门队参加香港的中学生趣味科学比赛

图6-49　澳门女生参赛获奖,得掌声不少

---

①《热爱科学、培养创造精神》,《澳门教育》1987年第1—2期。

图6-50 由教育会独立在澳门举行第六届全澳中学生趣味科学比赛

绘画赛、朗诵赛和趣味科学赛成为中华教育会的三大长寿项目,也是激发澳门学生成长的三个平台。参加赛事工作的教师全是义务劳动,出于对学生的厚爱和对教育事业的热忱,不畏辛劳无私奉献,全体理事和教育会工作人员在三大赛事中,全程投入,在教育会长期的工作中,特别是学生运动大会中,积累了经验,能发挥各层级领导的智慧和积极作用,也锻炼出组织大型活动的经验和魄力。

### 4.续办学生运动大会

1957年中华教育会创办了澳门学生田径邀请赛,接着1958年举行第一届澳门学生运动大会,由理事长谭立明担任主任委员,广邀澳门体育界参加,获广泛赞助,澳门各中小学广泛参加。竞赛分男、女子甲、乙、丙、丁和预备组,另设男子不分组五项全能,女子不分组三项全能,全部项目合共96项。参与第一届运动会的运动员共1152人,体操运动员3255人,办成了全澳的城市盛事,也是澳门体育史上的创举。

由第三届开始,与中华学生联合会合办。1962年因莲峰球场改建停办,1969年恢复举办,由理事长冼为铿担任主任委员。学生运动大会规模越来越庞大,每届动员大批教师带领大批学生承担各部门工作。1970年教育会与学联两个团体合办该项赛事首先获得体育教师的欢迎,他们不辞劳苦,带领学生晨操晚练。许多学校组织选手在学校留宿,普及体育、健康、卫生知识,供应牛骨汤等营养品。该赛事又获得澳门各界的支持,越办越好,囊括全澳体坛精英,全澳田径成绩大有提高,每年产生不少新纪录。办至1978年的第十三届,94项纪录被翻新。

1979年,政府个别体育官员违反当时政务司与教育会理事长冼为铿双方同意合办的承诺,取得学生运动大会有关资料,聘用原赛会绝大部分熟练的工作人员,鼓动政府独自办同类的田径运动比赛,教育会被迫停办澳门学生运动大会。[1]

### 5.儿童图书博览会盛况空前,大力推动学生阅读

推广阅读是教育工作者的重大任务之一。教育会在有丰富经验的香港儿童文艺协会的全力支持下,再邀请澳门星光书店,三方合作,于1984年3月3—5日假卢廉若公园春草堂合办了一场内容丰富、活泼生动的儿童图书博览会。师生、家长和市民踊跃参加这个嘉年华式的博览会,本澳文化教育暨旅游政务司黎祖智和教育会副会长马万祺剪彩后,五个展览和八组摊位游戏全面开放。香港著名漫画家李硕祥先生即席挥毫作漫画送给小朋友,大受家长和小学生欢迎,三日进场观众三万,盛况空前。为配合推广阅读,香港四位儿童文学名家何紫、陈慧仪、韦惠英、陈封平在博览会前专程到教育会为澳门教育工作者演讲,分析阅读的意义,分享培养儿童的阅读兴趣和指导儿童阅读的经验,使本澳教师得益不浅。

### 6.承担内地在澳设高考考场任务

由于澳门参加内地统一高考的学生不断增加,加上中华教育会与内地有关教育机构来往增多,1984年度内地高等院校对华侨、港澳和台湾青年招生,第一次在本澳设立考场。得国家信任,中华教育会被委托负责考场工作。教育会又获各校负责人通力合作,组织报名、布置考场、组织监考等事务均顺利进行。这项工作从1984年开始,一直延续至今,已列入教育会会务年度工作计划之中,作为自己的常规工作。

---

[1] 刘羡冰:《世纪留痕——二十世纪澳门教育大事志(增订版)》,澳门出版协会,2010,第93-95页。

图6-51　教育会代办暨南大学和华侨大学在澳门的入学考试工作

### (四)扩大社会参与,主动争取师生权益

#### 1.教育会代表在立法会发声

教育会团体会员代表,培正校长邝秉仁接受澳督委任,作为澳门教育界代表进入立法会。这是民间基层代表进入立法机构之始,开始为教育界在立法会上发出声音。1980年2月,教育会提出应该确认不牟利私校教师从事的是公共利益工作,应依法豁免职业税。当年绝大多数私校教师的教薪低微,与缴纳职业税的起点仍远,但从确认教师职业属公益事业这一点来看,该提议有积极意义。1984年教育会的提议得到通过。[①]

#### 2.争取政府资助不牟利私校之始

1977年澳督李安道又通过蔡高中学林汝升校长向教育会理事长洗为铿表达,政府有意改变对私立学校长期"撒手不管"的政策,将立法给予津贴,要求私校向政府登记。教育会同意并予以配合。接着于1978年3月19日批准全澳已登记且符合不牟利私校条件的共48所私立中、小、幼学校,在65处校舍上课。[②]

---

[①] 刘羡冰:《世纪留痕——二十世纪澳门教育大事志(增订版)》,澳门出版协会,2010,第106-107页。
[②] 刘羡冰:《世纪留痕——二十世纪澳门教育大事志(增订版)》,澳门出版协会,2010,第104-105页。

按学校收费标准，分A、B、C三级给予资助。每学年按班资助额从1000元至3000元不等。这是澳葡政府资助私校的开始。金额实在很低，教育界认为是"聊胜于无"的资助，却是一个好的开始，一个政府全面承担公共教育经费的开始。

**3. 受保安司令委托，为无证学生登记**

据估计，到20世纪80年代初，偷渡入境人士达数以万计，其中不少在澳繁衍了下一代，形成一个生活在地下状态的群体。一方面，澳门政府一向采取即捕即解政策，另一方面由于澳门实际急需劳动力，因而偷渡者络绎不绝，有的甚至解回再来，来了再解。有的被捕时暗中向警员贿款，酿成警员受贿成风。无证女佣被虐待、被强奸，青年工人长期被厂主欺负、侮辱甚至要挟的事时有发生，还发生过持刀捅死厂主而身陷囹圄的惨剧。其中无证学童，有的在私校就读，有的处失学状态。更衍生出黑市学校和黑市学生。为此，不少社会人士向澳葡政府建言，应仿效邻近地区，进行一次大赦，彻底解决问题。澳葡政府经过考虑，决定采取有别于大赦的、有条件登记、经过甄别然后发证的策略。1982年3月15日，澳葡政府进行了一次无证劳工的登记，委托本澳中华总商会、澳门厂商联合会、澳门出入口商会、澳门建筑置业商会、澳门毛织毛纺商会这几个资方团体，连续十天，分别向其属下各商店、公司、工厂所雇用的无证雇员发出表格，接受登记。这次登记的无证雇员共23800人，无证家属3000人。有证劳工的无证家属3000人也进行了登记。之后这三批人士获得政府发出的临时居留证。

1984年5月21日，当局对登记者做了一番甄别，为符合条件的24016名持临时居留证的无证劳工及其无证家属换发了身份证。有证劳工的无证家属则没有换发身份证。黑市人口问题得到初步的，也是大部分的解决。但留下有证劳工的无证家属问题没有解决。

于是，当局按既定程序着手解决数以千计的无证学龄青少年的问题。澳葡政府于1986年10月委托中华教育会和天主教学校校长联会对无证学生进行登记。事前，由中华总商会副会长崔乐其约同中华教育会理事长毕漪汶，副理事长何德明、刘羡冰三人多次到嘉斯栏保安司与保安司长傅英伟和秘书长梅山明进行秘密会议。第一次主方提出了任务，客方接受了任务之后，确定任务不再向任何人外传。第二次会议双方详细研究实施办法，主要是防止引起偷渡狂潮。中华教育会这次协助保安司，着力解决无证学生问题的过程十分小心谨慎。首先教育会已经通过学生和家长比较熟悉无证人士的实况，每次到嘉斯栏保安司总部会议均提出建设性意见，慎防引起动乱。由于对社情有较多的了解而且理据充足，教育会的意见大多获保安司令接受，但须进行分析与说服。经过双方负责人多次的秘密会议，拟定了比较周密的计划。（事后了解保安司对天主教澳门教区也提出要求让其属下的天主教学校同样操作，两会同时分别进行此项登记工作。）

10月29日，教育会召开了常务理事会议，认真地讨论了登记办法和工作进程，贯彻公平合理原则，既防引起偷渡潮，也防出现舞弊违法等事。经两次常务理事会的热烈而详尽的讨论，反复研究各种可能性，一一提出对策，订出计划，最后决定于10月31日中午11时先集中各校负责人举行闭门会议，要求当日中午12时半前把全校现读学生名单交教育会存封，名单须由校长、班主任联署，并加盖校印，对外必须遵守规定，不向外传任何有关信息。下午2时，各校同时向学生和家长传达教育会为无证学生进行登记的消息，只限在读学生，而且必须符合三条件之一：

第一，登记人父母双方均持有澳门身份证；

第二，登记人父母一方持有澳门身份证，本人持有澳门仁伯爵医院、镜湖医院或圣辣菲医院出生证明；

第三，登记人父母均无澳门身份证，但有一名持有澳门身份证的亲属证明其在澳门出生，持有澳门医院出生证明。

在当日傍晚学生离开学校前，登记结束，登记表立即集中到教育会，并核对是否符合上午交来存封的名单。因为当年没有手提电话，又不让学生借用电话，保证在登记的两个小时内，没有把消息向外透露。

计划得到各校教师的密切配合，行动一致，半天时间顺利为29校1182名18岁以下学生进行了登记。1988年11月22日及1989年1月10日至14日两次为807各学生补登记，该社会问题得到解决。

### 4. 为教育发展、着力从根本上改善教师待遇

（1）努力不懈，向当局提出要求

1981年2月教育会代表冼为铿、陈律平、李瑞仪、毕漪汶和何德明5人到教育文化司提出两项要求：第一，提高对不牟利私校津贴，并希望今后按物价指数上升幅度加以调整；第二，教育工作属公共事业，依法豁免职业税。不牟利私校教师是政府法律上承认属从事公共事业。私校教师应享豁免职业税的权利。政府接纳了这两项合理要求，教育会及教育界人士均表欢迎。

（2）以数据力证澳门教师待遇比同等学历其他行业低

中华教育会收集各会员学校资料，统计显示，承担基础教育94%学生的澳门私立学校，绝大部分学校支出中，教职员工薪酬占75%以上，个别社团办的学校，高近90%。教育会的调查有力地说明，澳门教师的经济待遇严重低于同等学历的其他行业。

1982年庆祝"五一"大会，中华教育会理事长毕漪汶在会上呼吁提高教师待遇，要求政府增加对不牟利私校的津贴；副会长马万祺在讲话中指出政府教育经费比例太小，反映当局对教育的重视不够。他们的讲话得到与会教师的认同。接着5月27日何贤会长宴请教育会全体理事、名誉顾问及顾问。他在致辞中强调教育的重要性，赞扬教师艰苦努力，贡献良多，又呼吁政府重视教育，希望当局增加对私校的资助。

教育会还通过会刊《澳门教育》在1982年、1983年的"五一"节发表评论《重视教育的社会职能，提高教师的专业地位》和《增加不牟利私校的津贴，减轻学生家长的负担》，呼吁重视教育质量，提高教师待遇。会刊《澳门教育》1983年第2期，转载著名经济学家千家驹的文章《把智力投资放在第一位》，1983年第3期刊登教育会宣教部部长刘羡冰的专稿《原子弹·日本汽车·教育经济学》，等等。

（3）取得何贤会长认同，并获鼎力支持

1983年初，中华教育会理事长毕漪汶和副理事长刘羡冰向何贤会长汇报理事会的共识。何贤长期担任镜湖护士学校、镜平小学、商训夜中学、青洲小学、孔教中学、银业小学、何族崇义小学七所学校校长，澳门大学及濠江中学、培正中学、岭南中学、培道中学等校董会主席，还长期支持其他教育机构，过去教育

会在改善教师待遇方面,每次都获得何贤先生与马万祺先生有力的、带头的支持。何贤还以澳门华人代表,被政府委任为行政、立法会成员,长期与政府官员打交道,熟悉澳葡政策与官员心态。他听了教育会两代表的意见后,不大赞同,对政府承担教育责任不具信心,仍主张由华人自己解决,并表示他愿意继续带头支持改善教师待遇。教育会两代表耐心分析,指出澳葡政府在《中葡联合声明》发表后的过渡期间,已有逐步承担教育责任的意愿,而且也希望体面地移交。教育会两代表又反映近年教师流失情况,提出让他详细考虑。几天后,何贤会长约两人到他的办公室,不但同意教育会去信教育文化暨旅游政务司黎祖智,据理要求在政府财政预算中,增加文化教育经费,增加对不牟利私校的资助;而且他还建议,信函要写四封,分别送澳督、政务司长、立法会主席和他本人,而由他以教育会会长身份在立法会上宣读教育会的要求。于是教育会于1983年7月28日分别去函四人。8月下旬,政府当局宣布将不牟利私校津贴增加20%。尽管由于物价飞涨,这一增幅只弥补了近半通货膨胀。但此举加强了教育界的团结,又引起立法会和社会舆论的关注,效果颇好。

图6-52　1986年教育会代表拜会政务司司长高秉伦,提出教育界的要求

(4)公布问卷《对教育当局津贴不牟利私校意见调查》调查结果

1983年9月,教育会宣教部广泛采摘世界各地教育财政资料和本澳教育财政现况,向教育界发出问卷《对教育当局津贴不牟利私校意见调查》,于12月底公布结果,全澳各大报章以显要位置报道。《华侨报》编者还做出评述,表示要把

调查结果转送有关当局参考。关于教育经费占政府总支出的比例一项,60%的意见认为应在15%~20%才合理;加上认为要在20%以上的,达95%。这一民意与政府公布由1977年至1981年平均占4%~5%的比例,实相去甚远。更可惜的是1982年又降至3.4%。问卷数字有力地说明了问题,更在教育界和社会上凝聚了更广泛的共识。

**5.对业内和社会阐明下列观点**

(1)现代教育的社会功能是公共服务,教育是潜在的生产力

公共教育支出是提高公民素质、促进社会进步、繁荣经济最有效的智力投资。要改变视教育为"消费"项目,视免费教育为财政负担的错误观点。

(2)基础教育是公共事业,主要责任应由政府承担

公民享受公费的基础教育是权利也是义务,不是"恩赐",也不是"福利"。

(3)当前全世界大多数国家和地区,已实行了免费教育

全世界很多国家和地区实施了免费教育。澳门只有葡人和官校的华人学生享受免费教育,长期以来不足全澳学生的10%。就读私校的华人学生占全澳学生的90%以上,教育费长期由纳税人自己承担是不合理的。其中相当部分还是由社团来承担,而越来越难以为继。只有政府承担公共教育支出,才能从根本上解决教师待遇不合理、学校设备简陋的问题。接着《澳门日报》又大篇幅全文发表刘羡冰、高展鹏的调查报告《过去十年澳门私立中学新教师流动情况》,反映澳门1978—1988十年间具专上学历的中学教师存在对外依赖、流失严重、年龄老化、后继无人四大问题,严重影响教学质量,呼吁社会关注,为教育发展消除障碍。由于教育会搜集的理据和数据充分有力,又采耐心说理的方式争取广泛的同情和谋求各方的共识,获得教育界的认同。甚至个别政府高官和立法议员,也赞同教育界的要求。教育文化暨旅游政务司黎祖智也承认政府过去对华人私校"撒手不管",还说:凭良心说话,如果不是有一大批热心教育的人士兴办了这么多私校,澳门政府早就难以应付居民子女的教育问题了。[①]

---

① 刘羡冰:《从教议教》,澳门出版协会,2005,第41页。

### 6.首届教师节教育界大丰收

(1)争合理权益取得社会共识

1985年7月13日,中华教育会致澳督高斯达公开信,指出教育资源分配不合理,是阻碍本澳教育发展的症结,全澳90%的私校津贴只占全澳教育经费的10%左右,且连年下降至1985年的6.4%。而学生不足全澳10%的官校学生及教育行政所占的教育经费却超过90%,极不合理。因而提出三点要求:

首先,增加对不牟利私校的津贴;其次,在短期内改变私校教师薪金低于公务员最低起薪点的现状;第三,尽早制定并有步骤地实施九年免费教育。

经过教育会的努力,加上社会的关怀、媒体公平正义的舆论影响,教育工作的社会职能、政府应当承担公共教育支出等现代教育的基本观点,成为社会共识。

(2)澳督破例向中华教育会颁授勋章

1985年9月10日,第一届教师节,总督高斯达向中华教育会颁授文化功绩勋章。这是首次澳督亲临会场颁发勋章,确实表达了政府愿与民间团体合作的诚意。会前官方和教育会商定同意在第一届教师节上向在澳门专职从事教育工作二十年以上的教师表示尊重和谢意。并由教育暨青年司赠送感谢状,教育会则颁纪念座。

图6-53 澳督高斯达在首届教师节上向中华教育会颁授文化功绩勋章,毕漪汶理事长代表接受

(3)澳督宣布向不牟利私校教师按月发津贴金

澳督高斯达表示尊重和敬仰私校教师并且接受教育会的意见,现场宣布由当月开始,政府向不牟利私校教师,每月发放津贴金。中学教师500至600澳门元;小学教师400至500澳门元。服务超10年和20年的再给予奖金50和100澳门元。

(4)教育界和教育会均深受鼓舞

这一意外的喜讯为节日带来了永志不忘的美好回忆,几千会员既充分肯定理事会的贡献,也深刻体会到团结奋进、积极说理的力量,同时体会到中葡建交的作用。

图6-54　1985年庆祝第一届教师节合影

### (五)开始投入回归过渡期事务

随着1987年《中葡联合声明》的签署,澳门进入过渡期。港澳回归祖国的讯息振奋人心。中华教育会同人与全澳各界社团均积极投入澳门回归祖国的事务。这些大变革对澳门社会、对教育会会务都有较大影响。

**1.积极参与《基本法》制定**

教育会理事长、东南学校校长毕漪汶代表出任《澳门特别行政区基本法》①的起草委员,是20名澳门成员之一;学联主席区燕卿也出任草委。教育会名誉

---

① 全称《中华人民共和国澳门特别行政区基本法》,简称《澳门特别行政区基本法》或《基本法》。

顾问、培正中学校长康显扬出任《澳门特别行政区基本法》的咨询委员。他们均为学界代表。教育会全体理监事和各部工作人员都投入征询广大教育工作者意见的工作,更发动会员积极参与,提供意见,让代表能充分反映澳门教育界的意见。例如在内地草委来澳听取意见的会议上,我们做出充分准备,约定多位有代表性的教育界同人在会上积极发言,特别反映私校家长、师生对实施全民义务教育广泛而强烈的要求。结果,意见被多数草委接受,在《澳门特别行政区基本法》第121条规定"澳门特别行政区政府依法推行义务教育"。教育会同人和私校师生家长都大受鼓舞。

### 2.华南师大澳门文凭课程在澳首办

1983年广东省高等教育局局长林川、副局长王江涛①先后应中华教育会的邀请分别率代表团来澳门考察访问。他们对本澳教育十分关心,殷切垂询。当他们了解到澳门在职教师也有专业提升的迫切要求时,深感澳门回归祖国已列上日程,师资队伍的提高非常重要。当澳葡教育文化司司长施曼尧宴请他们时,也表达了对澳门教师素质的提升和教师专业发展的关注。广东省高教局代表回到广州,副局长王江涛即向国家教委写报告,建议运用广州华南师范大学的力量,抓紧在回归的过渡期间,提升澳门的教育、教学水平。此一高瞻远瞩的建议,得到国家教委批准。

图6-55　接待广东省高等教育局副局长王江涛(前右一)

---

① 王江涛曾在澳门工作,1948年至1952年,他的妻子唐华是澳门木艺公会子弟学校的教师,王江涛对澳门教育了解并关注。

## 第六章　大事记(新中国成立—澳门回归)

由于得到国家政策的特别准许,从1984年3月开始至春节前,中华教育会三次派出代表(何德明副理事长和康乐部部长林显富,秘书长李沛霖和组织部部长伍华佳,理事长毕漪汶和副理事长兼宣教部部长刘羡冰)先后到华南师大商洽并落实合约内容。随后在春节前,由华南师大成人教育学院院长赵育生主任和中华教育会副理事长兼宣教部部长刘羡冰代表双方签署合约。①合约确定由校方为澳门在职教师提供"度身定造"三年期的面授和与自学相结合的教育专业的大学专科课程。

华南师大每年四次,每次两周,派出优秀教师到澳门进行面授。学费每人每年澳门元二千。中华教育会承担来澳授课教师的膳宿、交通等一切接待工作,提供教学场所,协助学校招生、收费、注册、联络学员和学籍管理等工作。该课程获得澳葡政府协助,澳葡政府承担本澳注册中小学教师120人三年的全部学费。

还有21位合格而被取录的学员,未符政府补助条件,教育会亦征得热心人士马有礼先生全额赞助他们的学费。至此,澳门教师之中收入微薄、未经专业训练而又长期坚持教育岗位的澳门私校教师,都能获得免费进修的机会了。

1985年3月6日在澳门隆重举行开学礼。

图6-56　华南师大澳门教育专业学位课程的开学礼

第一学年注册入学的共141人。1986年第二届报名十分踊跃,名额所限,

---

① 由于签署前才获知华南师大决定合约由成人教育学院院长赵育生签署,而非校长,因此二人临时商议后,由刘羡冰以副理事长兼宣教部部长身份代表签署,及后向理事会汇报追认。

向隅者众,中华教育会再与校方商洽,增办另一会员班。①

为满足会员的强烈要求,第二届两班增至212人,两届合共353人。占当时全澳在职教师的五分之一。②

马有礼先生资助教育会43名会员三年的全部学费共十二万澳门元。

图6-57　在华南师大举行的澳门教育专业函授班第一届全体毕业生与导师、嘉宾合照

### (六)新厦落成,人力财力增强

#### 1.六十年代的根基,八十年代的机遇

教育会成立后借用学校作会址经历了29年之久,接着借用中华总商会二楼一个办公室也有17年之久。至1966年4月12日由理事长谭立明领导成立"澳门中华教育会筹募建设会址及文教福利经费委员会"筹置会址。

教育会在1979年第五十届会员大会通过改建会址的决议。1982年由陈炳华绘妥图纸,继由工务运输厅批准,确定建造二十一层的教育会大厦。

---

①《教育专业函授班开学礼》,《澳门教育》1986年第3期。
② 毕漪汶:《第四十七届理事会报告》,《澳门教育》1988年第1-2期。

### 2.克服困难重建新厦,增置物业

由于20世纪80年代初澳门建筑业陷入低潮,两届理事会尽力与港澳建筑商洽谈,均未有成效。幸而在图则作废期限前的1985年3月,经过前理事长冼为铿不断努力,商得刚在澳门立足的中国建筑工程(澳门)有限公司接受教育会的条件,全资承建。按合约规定,建成后:地下、阁楼、一楼、二楼、五楼、六楼、七楼及八楼B座(即半层)合共七层半的物业归教育会所有。大厦依期于1987年竣工,旋交香港工联总会属下装修公司装修。为发展会务,1990年,教育会又购置马路同侧之水坑尾百老汇中心六楼五个附平台的单位,其中两单位建立教师康乐中心,其余作华南师大教师来澳上课的住所。

## (七)健全制度,加强工作的规划与协调

教育会除获得更充裕的环境开展活动之外,服务实力也有所增强。财力虽增加,教育会仍坚持"应用则用,可省则省"的财政原则,全体理监事仍然义务付出,但合理增聘员工,首设办公室主任,保证工作的顺利进行,而且能够承担更多的社会职责。

### 1.加强会务的年度规划性和协调性

经大半个世纪的摸索和经验积累,教育会形成了一批受群众欢迎而有益于师生身心发展的长寿活动、适应会员实际要求的福利、受会员欢迎的校际或联校队际球赛。特别是符合教育会宗旨,推动澳门爱国团结事业,推动澳门教育发展的工作,每年先由各部负责,订出年度计划,由秘书处及办公室全面协调后通过理事会研究修订,汇编成新的年度规划,再由全体理监事分工合作执行。因此,教育会除长期编发学校行事历之外,还编发教育会年度计划工作日程,以加强工作的计划性,并加强与各团体会员工作的协调性。这一年度规划因行之有效,从此形成制度。

### 2.会计制度的初步建立

乘新会址即将启用之际,理事会为健全制度,于1987年12月16日举行理

监事联席会,通过决议:今后教育会的账目每月结算后交监事会核对,然后经理事会通过,随即从当天起张贴副本一星期,然后把副本存入档案。资产负债表每年制作一次。

## 四、中葡联合声明签署—回归祖国

### (一)澳门教育一个快速发展的机遇

**1.学校大增,官、私新校纷纷开办**

这期间因社会上有数千未成年的少年失学,在社会舆论的压力下,政府规定新区建筑必须建设教育和社福设备交政府应用。因而政府除大办中葡学校之外,也向申报办校团体拨出校址,收取象征性租金,交各个社团办理。1987年以后,官立和私立新校纷纷兴办。[①]

(1)政府为求数量,倾力大办官校

澳门大学　1988年,政府为适应"澳人治澳"的需要,成立澳门基金会,以1.3亿澳门元购买东亚大学三个学院,成立澳门大学。

澳门理工学院　1991年政府决定发展高等教育,将原属澳门大学的计算机、商业、旅游、护士、语言翻译等专业独立出来另成立澳门理工学院。

澳门旅游学院　1995年,已拨入理工学院之旅游专业,再独立于旅游文化司管辖,成立澳门旅游学院。

高等保安学校　政府为培养华籍保安部队管理层人员,以便保安部队葡籍管理层退出后澳门衔接。

官立中葡职中　1998年创办的官立职中。

官立二龙喉中葡小学　1989年开办。

官立中葡中心小学　1989年开办。

官立湾景中葡小学　1990年开办。

官立康乐中葡幼儿园　1989年开办。

官立乐富中葡幼儿园　1989年开办。

---

[①] 刘羡冰:《世纪留痕——二十世纪澳门教育大事志(增订版)》,澳门出版协会,2010,第113-145页。

官立民安中葡幼儿园　1989年开办。

官立永添中葡幼儿园　1990年开办、

官立巴波沙中葡幼儿园　1990年开办。

澳门大学附属应用学校　1998年开办。

(2)各方人士开办私立学校

亚洲(澳门)国际公开大学　1992年原东亚大学四个学院,其中三个卖予澳门基金会,余下的公开学院,为了学位获得澳葡确认,于1992年与葡萄牙公开大学联合成立亚洲(澳门)国际公开大学,提供葡语、英语和汉语的高等教育课程。

澳门管理学院　澳门管理专业协会1988年把晚间零散的专业培训班升格为学院。

澳门高等校际学院　1996年由葡国天主教大学与澳门天主教教区合组澳门高等教育基金会,由该会开办澳门高等校际学院。

澳门镜湖护理学院　镜湖护士学校经长期对课程进行调整与提高,1999年升格为学院。

联国学校　巴哈伊教会1988年在澳门首办联国学校,以英语为教学语言。

澳门加拿大学院　澳门加拿大教育基金有限公司1988年开办,按加拿大学制,设中学至大学预科课程。

澳门坊众学校　澳门街坊总会1995年办。

培华中学　潮州同乡会1995年办。

三育中学　基督教上帝五旬节堂1997年办。

工联职业技术中学　工联总会1998年开办。

下环坊众学校　原由下环福德祠办的瑞云学校1989年交下环坊会接办,命名下环坊众学校。

马礼逊学校　中华基督教会1988年复办马礼逊学校。

中德学校　已经结束的中德中学由校友会1995年复办。

孙中山纪念学校　澳门教师联谊会1995年开办。

新华学校　蔡氏文化教育基金会1997年创办。

高秉常主教幼儿园　澳门天主教教区1989年办。

圣安东尼幼儿园　私立圣安东尼教育会1989年办。

明爱幼儿园　天主教会1994年开办。

镜平学校中学部　镜湖慈善会1997年在镜平小学基础上扩办镜平中学部。

新华夜中学　蔡氏文化教育基金会1999年在新华中学基础上再开办新华夜中学。

**2. 全澳学生人数大幅增加**

1985—1986年度澳门统计司公布全澳学生为65898人。其中高等教育5892人,基础教育60006人。

1999—2000年度全澳学生为104997人。其中高等教育7094人,基础教育97903人。澳门回归前的十五年,高等教育人数增加20.4%,基础教育人数增加63.16%,增幅最大。[①]教育的如此大增幅是澳门历史上空前的,对于回归是十分有利的因素。

以上数字还未计算赴葡就读人员以及华南师范大学与中华教育会、教青司三者开办的校外高等教育课程,及民间专业社团和公务员社团寻求与国内高校合办的专业课程。澳门教育进入一个快速发展的特殊阶段。

**3. 得国家特许,澳门学生可免试保送全国重点大学**

1985年8月中华教育会代表团访问北京时,曾介绍了澳门教育情况,并请求国家关心治澳人才的培养问题,实施特别政策促进优质人才成长,以利特别行政区的初创。到了90年代初,新华社澳门分社第二任社长郭东坡十分重视人才的培养问题,大力促进落实澳门人才成长措施。国家教委港澳台办公室主任王复孙来澳访问,政务司黎祖智设宴招待他和新华社澳门分社冼为铿,三个人集中研究为中国恢复在澳门行使主权所需要的治澳人才的培养问题。三人取得共识,而且迅速化为优惠可行的政策,并付诸实践。中葡双方都落实计划,赴葡及入京学习的公务员和学生团源源不断,澳门教育界得到国家教育委员会的关心,自1995年开始,全国重点大学北京大学、清华大学、北京师范大学、复旦大学、上海交通大学、中山大学等接收澳门中学免试保送优秀毕业生每年共

---

[①] 2018年9月官方提供数字,基础教育不包特殊教育和补偿教育。

百人,持续至今。另外又可报考全国高等院校。华侨大学和暨南大学也接受保送和报考。以上优惠对澳门顺利回归做出了一定的贡献。

## (二)处理几件突发的工作

### 1.向政府提出私校教师退休保障问题

中华教育会这期间除年度基本会务骤增之外,还致力于为发展教育、改善私校办学条件,包括增加教学设备,提高教师待遇等进行争取。

80年代末陆续有私校教师高龄退休,一般缺乏退休福利,私校教师刚获政府给予的公费医疗和按月的津贴也因退休立即失去。教育会亦深感教师待遇长期微薄,应特别关注,于1986年8月及1987年9月两次向当局要求继续对退休教师实施免费医疗和按月发放津贴政策。[①]

### 2.协助解决天主教圣善学校解雇大多数教师问题

自80年代以来,不少教育范畴内的个别事件,常有会员甚至非会员亲到教育会要求协助。教育会均尽力协助解决。离岛天主教圣善学校十位教师中有八位被无故解雇,其中大部分为教育会会员,他们要求教育会主持公道。教育会联同氹仔街坊会、议员梁庆庭协助林家骏主教以实事求是、合情合理的原则,使全体教师得以留任。1991年6月28日林家骏主教在各大报刊出鸣谢启事,宣告圣善学校所有教师获得续聘,事件得以圆满解决,并向中华教育会、氹仔街坊会以及刘羡冰校长、梁庆庭议员致谢。[②]

### 3.受社会委托管理捐赠周筱真主任医疗费

1993年间,深受学生和家长爱戴、贡献良多而退休多年的教育会前理事、濠江幼儿园周筱真主任,入住老人院后,因病住院,微薄的退休金不敷医疗费,经济负担沉重,出现校友、同事及友好人士主动捐款一事。由于教育界长期存在"吃草挤奶"、年老无保障的问题,引起舆论关注与广泛同情。镜湖慈善会亦决

---

① 毕漪汶:《第四十七届理事会报告》,《澳门教育》1988年第1—2期。
② 刘羡冰:《世纪留痕——二十世纪澳门教育大事志(增订版)》,澳门出版协会,2010,第121页。

议全免周筱真医疗费。此时出现了一件较特殊的事件,多位捐款人致信日报,指定捐款必须全部转交中华教育会主理。[1]因而教育会十分谨慎,一直认真承担周筱真治疗及去世安葬事宜。经《澳门日报》《华侨报》、濠江中学、沙梨头坊众学校以及教育会收到的善款共澳门币128025元,港币50500元。支付医药、膳食、陪护用去澳币3446.3元,支付部分治丧费澳币39212元,余下澳币85366.7元及港币50500元。

教育会听取法律专业人士、主要捐款人及周主任家属意见。通过七次会议认真研究,最后形成决议,将余款分送"澳门日报读者基金会"和"镜湖医院"各3万元,其余捐给周主任生前入住的老人院,并通过各大报章向社会公布。[2]多年后还出现全澳性的、更大宗的社会各界捐款,捐款人也要求款项必须交中华教育会代办。

### (三)会址全新,宗旨一贯,回归事务繁重

中华教育会会址拆建经过七年三届理事的努力,21层的新厦终于在1988年1月9日举行揭幕礼,教育会经济实力再度增强。追根溯源,应感念1966年谭立明理事长那一代筹募购置会产的魄力和艰辛,也不能忘记五六十年代各友好社团的大力支持和华人社会的良好风气。经历社会经济持续低迷,新会址启用,对会员的鼓舞很大,对会务的期望也高。

1988年教育会开始在新厦运作,正好应了澳门进入回归祖国过渡期的繁忙任务的要求,受聘办事人员增多,会务又倍增。除华南师大函授课程外,教育会长期承担全国高考和暨南大学、华侨大学两校招生全部事务。

其次,教育会会务运作方面,经1987年开始加强工作计划性,以及建立健全的会计制度,尚能顺利执行。从1988年开始,会务分别在中建大厦和百老汇中心五个单位运作,办公室责任也大大加重。

---

[1] 散见1993年9月《澳门日报》《华侨报》。
[2] 中华教育会1993年9月至1994年10月会议记录。

图6-58　会刊《澳门教育》1988年第1-2期以会址新貌为封面

### 1.进一步加强规章制度建设

鉴于全澳大多数教师为教育会的个人会员,因而教育会被公认为教育界最主要的代表性团体。因此,教育会代表应邀参与的社会事务越来越多,教育会正副理事长、部长以至各部委员、各会务小组组员均有机会被传媒采访以发表意见,20世纪80年代中后期,副秘书长吴秀萍提出代表教育会发言的责任问题,理事会开始关注。经联系实际进行研究,逐步积累经验,工作人员拟出五点内容的初稿,最后交1990年第49届理事会,通过了《关于本会对外发表意见的原则》,作为规范有关负责人代表教育会公开发言的守则。之后该原则又在会员大会通过。具体内容如下:

(1)代表本会参加社会或政府之咨询组织。

①应根据本会宗旨或理监事会议共识有关处理原则处理。

②有关会议发出的文件或资料交会存入档案。

③事后应以书面或口头向理事会报告会议情况,有责任传达信息,有重大问题需要表态、表决,事前应征得理事会或常务理事会同意,如遇事态急迫,需先征求理事长、副理事长意见。

(2)代表本会向外发表意见。

①要以理监事会议的共识和会议的宗旨为依据。

②属个人观点部分,应申明。

③如属书面意见、论文等,发表时署教育会职衔的,发表前应取得分管各该部的正、副理事长的同意,并存档;不署教育会职衔的属个人言论自由,教育会无权干预。

(3)在会外主持会议(工作会议除外)公开发表讲话,事前应提交讲稿,如遇时间急迫来不及写书面稿,也应将讲话中心内容与负责人商讨,发言后留交文稿存档。

(4)对外文字稿件要有健全的审查制度。

①《澳门教育》《澳门资讯》《教学参考》选稿人负责贯彻会章、决议的原则精神;审查者负责监督检查,二者均需签署负责。

②对外新闻稿,统一由办公室主任发出。重要的策略性新闻稿,经正副理事长、秘书长审查,撰稿人与审查者联署存档。

(5)对外公文函件。

除来往酬酢之外,本会公文概由秘书长及办公室主任负责起草,经理事长同意发出,并联署存档。

以上制度建设适应了在葡政府管治下政治情况比较复杂,而教育会已经成为澳门最大、最有代表性的教育团体的具体情况。到1994年5月又集中理监事的智慧,拟定多项新制度。为健全不动产的管理、健全理监事的制衡机制,以便更好地调动、发挥理监事的作用,办好会务,经重新研究,教育会对会章做出修改,并交1994年6月11日第56次会员大会讨论通过。以下为会章修改的内容:

(1)理事长只限连任一届(即限任四年,过去无限期)。

(2)监事长得因工作需要召开临时监事会议,有关理事必须应邀列席接受咨询。

(3)推选理监事若干人组成尝产管理委员会管理所有不动产。制定不动产变卖的规定:首先须由理事会于七天前发出会议通知,开全体名誉顾问、顾问、理事、监事以及全部团体会员代表联席会议;第二,有出席会议三分之二多数通过之决议,方为有效。

(4)进一步健全财政会计制度,确定由专业会计师编造、监事会稽核的会计制度。并明文规定财政运用的规则。①

---

① 刘羡冰:《第五十一届理事会会务工作报告》,《澳门教育》1996年第3期。

## 第六章 大事记(新中国成立—澳门回归)

### 2.华南师大课程延续和拓展

(1)续办本科学位课程

为了满足大专课程毕业学员继续深造的强烈要求,华南师大再经广东省高教局的批准,在大专三年的基础上,1989年续办了两年制的本科。1985级和1986级大专课程毕业的学员,大部分继续深造,通过前后五年两阶段的学习,123位获本科毕业证书,其中98人再经英语考试合格,获颁教育学学士学位。这些学历全部为澳门政府所认可。

(2)课程获得普遍的欢迎,持续并拓展

该课程对澳门教育工作者影响甚大,尽管不久东亚大学、工人业余中心亦开办了教育专业课程,仍难满足要求,因此中华教育会不但持续为在职教师开办文凭课程和学位课程,还拓展了在职教育的范围,对澳门教育的发展和澳门社会都做出了一定的贡献。接着开办的课程有:1989级教育专业本科课程、1990级教育专业本科课程、1990级幼儿教育专业课程、1992级教育专业本科课程、1994级幼儿心理与教育专业课程、1995级教育专业本科课程、1996级教育专业本科课程、1996级幼儿心理与教育专业课程、1998级英语教育专业本科课程、1998级数学教育专业本科课程、1998级幼儿心理与教育专业课程、1999级英语教育专业本科课程,共入学1551人,其中专科毕业1078人,本科毕业510人,获颁学士学位269人。

图6-59　华南师范大学教育专业学位课程1991届澳门班毕业生与师长嘉宾合影

图6-60 华南师范大学学前教育专业文凭课程1993届澳门班毕业留影

### 3. 为会员提供更多服务、订更丰富的年度计划

(1) 引进各地经验的青少年德育研讨会圆满成功

有的放矢,选邀著名专家学者。为庆祝中华教育会成立七十五周年,"青少年德育研讨会"于1995年7月19—21日隆重举行,为此,教育会组成专责工作委员会。被邀请的专家有北师大教育科学研究所研究员、全国中小学德育先进工作者李意如,中国科技教育十大杰出青年、国家模范教师、《人民教育》编辑任小艾,广州市资深语文中学教师、曾被评"班主任工作标兵"的张成淦,香港城市理工大学的获英国根德大学文学和香港大学社会工作学双硕士学位的恽福龙,新加坡教育部课程发展署《好公民》教材组主任何子煌。

三场讲座除本澳教师外,还吸引家长参加。

图6-61 "青少年德育研讨会"很受教师和家长欢迎

结合家庭和社会教育。除三天五场研讨和两晚三场演讲之外,该工作委员会还与澳门政府七个图书馆和澳门大学图书馆编印了《联合德育图书总目录》,供教师和家长参考。为推动阅读,中华教育会又征得星光书店、文化广场、一书斋、浸信书局和小小书店到会场外设立摊位展销。香港基督教出版社主动运来书籍加入展销。张成淦老师从广州带来几百本有关道德教育的书籍全部售罄。还有一位家长拿着《联合德育图书总目录》希望尽量购买。

研讨会出席逾千人次,大家一致呼唤,把德育恢复到领先的、首要的地位,呼唤家庭、学校和社会教育一体化!活动取得圆满成功。

图6-62 "青少年德育研讨会"合影
**后排左六起为外地专家:何子煌、李意如、张成淦、任小艾、恽福龙**

(2)增设教师康乐中心,使康乐活动更加多样

教育会在1988年使用新会址后,又在百老汇中心增设了康乐中心。服务范围也有所扩大。活动多姿多彩,既配合教学要求,又丰富教师的兴趣和利于身心健康。还一度聘得华南师大退休副教授黄绮华专职开展教育教学专题培训以及家长课程;国家体委的保健医生姜思慧,驻会为教育会会员做保健讲座、医疗讲座及师生创伤理疗服务。

日常会内开展健身、乒乓球、卡拉OK、台球等活动。每年举办教师篮球、乒乓球、桌球队际赛。康乐部、康乐中心、福利部和旅游部均有计划地组织各类活动,以满足会员不同的需要,并调节会员紧张的教学和进修。

先后举办的活动还有面粉花制作、仿藤手工艺班、交谊舞班、气功班、讲故事技巧讲座、"健康与Keep Fit"专题讲座、医疗讲座、旅游及摄影讲座、录像带制作课程、乒乓球赛、象棋赛、五子棋赛，等等。这些活动除会员外，还有非会员的教育工作者和家长参加。①

旅游部90年代也增加了国内外许多新线新点，如大连、济南和青岛游，长江三峡游，海南岛游，台湾环岛游，新马泰游和欧洲名城游等。为配合回归，与其他部门合办澳门历史城区游、参观香港中国航展、香港史迹游和香港97新景一日游等。

**图6-63　回归活动：组织考察澳门历史城区，摄于郑家大屋**

(3)学术活动空前活跃，教师自强不息迎回归

进入20世纪90年代，具爱国传统的澳门教师和大多数澳门居民一样，采积极的态度迎接历史的巨变。教育会号召广大教育工作者，特别是会员在争取教师专业地位的同时，必须自尊自爱，自觉提升自己的专业操守和专业水平。因此，在回归行程中，教育教学各方面的学术活动得到特别加强，以改进教育工作，培养适应"一国两制""澳人治澳"的一代新人。为响应社会、教育工作者和家长的需求，教育会充分发挥优势，创造条件，从教育专业、会务发展和迎接回归思想建设三个方面组织和开拓以下学术活动。

---

①《康乐中心活动小统计》，《澳门教育》1992年第2期。

①90年代初,发挥本澳和教育会的潜力,引进外力,特别发挥华南师大每年有众多教授来澳授课的机会,举办公开的专题讲座。教育会在90年代前期,得以开始加强学术活动。

1991年:

办班主任课程、办朗诵技巧与训练方法课程。

1992年:

理事王国强主讲环保讲座"环境与你息息相关"。

理事莫华基主持书法教学法课程。

理事林月嫦主持幼儿卫生保健课程两期。

邀请华南师大黄绮华副教授主持小学中年级语文教学法讲座,并与本澳托儿教育协进会合办学前游戏课程。

邀请香港圣雅各小学校长张浩然主持家庭教育讲座,并在小学生品德教育交流会上介绍经验。

邀请香港专家俞秀舜女士主持学前儿童游戏与教育第一、二、三期讲座与示范。

华南师大黄绮华副教授主持小学中高年级作文教学法讲座。

邀请香港教师中心咨询委员冼俭恒主持中学班主任工作课程。

华南师大黄绮华副教授主持"幼儿卫生保健课程"和"幼儿机构组织管理课程"。①

1993年:

邀请郑仕豪老师主讲"国际音标初阶"和"国际音标进阶"。

邀请华南师大袁元副教授主讲"挖掘右脑潜力,提高教学效率"和"青少年心理健康与教育"讲座。

邀请邓国俊硕士介绍港澳中学数学课程比较。

国家体育训练局医务处副主任姜思慧医生主持体育运动医务监督课程、教师职业病的预防和如何指导青少年学生的保健工作三次讲座。

理事王国强主讲学校图书馆工作实务课程。

邀请陆建华博士主讲"青少年犯罪与教育"。

---

① 《学术部举办各项活动小统计》,《澳门教育》1992年第2期,第27—34页讯息与图。

邀请香港出版界梁后养先生为《澳门教育》出版委员开办出版编辑工作学习班。

邀请香港专家俞秀舜女士主持幼儿园音乐教师学习班。

邀请华南师大王新如、李方两位副教授主讲启发式教学。

邀请澳门大学古鼎仪、黄树诚和郑慧敏三位学者为新任教师做讲座。

1994年：

先后邀请澳门大学李汝匡先生主讲"美术教学与儿童智力发展"。

林月嫦理事主讲"幼儿常见急性传染病的预防和处理"。

邀请华南师大吴奇程教授主讲道德教育和亲子教育。

邀请李群讲师主讲美育。

华南师大黄绮华副教授主持小学语文教学法讲座。

以上这些讲座均广受教育工作者欢迎。统计1992年至1994年的学术、教育业务活动共149次。[1]这反映出澳门教师在沉重的课务负担下，自强不息、奋发进取的敬业精神和对回归充满期待。

②1995—1999年，是回归前最后的五年，中华教育会和全澳同胞一样，进入工作任务最繁重的时期。

邀请澳门大学李祥立先生主讲"奥林匹克数学比赛"。

邀请澳门大学教育学院院长王英杰主讲学术论文写作方法。

邀请华南师大袁锐锷教授主讲"传统教学与现代教学"。

邀请江月孙教授主讲"班主任的多重角色"。

邀请王建军副教授主讲"教书育人的历史思考"。

邀请陈汉才教授主讲"近代岭南教育的民族精神与爱国精神"。

邀请赵敏讲师介绍"计算机辅助教学"。

王国强理事主持"教育数据的搜集与应用"课程。

再次邀得香港专家俞秀舜女士专程介绍幼儿音乐教学工作。

理事李宝田校长主持"幼儿活动教学工作坊"。

为回归先后邀请法律专家许昌、赵国强主持《澳门特别行政区基本法》讲座。

---

[1]《学术部举办各项活动小统计》，《澳门教育》1996年第3期。

## 第六章 大事记(新中国成立—澳门回归)

邀请香港教育署课程发展处总监梁一鸣来澳介绍编写香港特别行政区基本法教材及学校公民教育的经验。

开办英语语法学习班,请澳门大学黄伟文教授当导师。

组织教师参观香港日本人国际学校。

组织广州、佛山两天两地购书活动。

组团参观香港教育学院。

开办《澳门特别行政区基本法》师资研修班共两期三班。[①]

邀请草委、澳门日报社社长李成俊主持迎回归讲座。

开办中小学教育管理课程,冯思义、阎治身、黎屏雅和徐健湖四位校长传授经验。

邀请华南师大袁元副教授主讲"校园文化与学生品德培养"。

邀请陈汉才教授主讲"容闳及其留学教育"。

邀请李方教授主讲"论教学方法的演变与创新"。

邀请澳门大学韦辉梁讲师主讲"信息技术教育与教师再学习"。

邀请本澳诗人陶里(本会会员危亦健)主讲"现代诗的创作和欣赏"。

邀请黄励知教授主讲"地理教学与素质教育"。

邀请薄以进老师主持"英语国际音标班"。

王国强理事主讲"学校文书档案室管理"。

邀请澳大李汝匡教授主持"教师美劳进修班"。

1999年7月教育部派出资深物理导师程志文、陈翠娴、蔡素玲及化学导师陈章盛、梁碧慈来会主持初中物理、化学教学进修班。

与本澳艺穗会联合,邀请国家一级指挥家李金声专题演讲"训练儿童唱歌发声"。

本澳教师黄小玲做英语多媒体教学示范课。

1999年邀请本澳学者吴志良先生介绍"澳门现行的政治架构"。

由于处于知识爆炸年代,回归祖国的航程越来越近,教育会的客观条件有所改善,加上全澳同胞爱国热情不断升温,中华教育会为满足会员自我提升的

---

[①] 见《澳门教育》1995-1998年各期会务讯,及刘羡冰:《第五十二届理事会会务报告》,《澳门教育》1998年第3期。

强烈要求,除继续举办华南师大的教育专业学位课程之外,还发动多方力量,创造条件,向会员和整个澳门教育界提供空前丰富的学术活动。

(4)组织颐康组、老年教师工作委员会和青年教师工作委员会

1988年毕漪汶理事长征得林志宏、林蕙芳、李恬余、郑张池和文静5位退休永久会员的同意,组建关注退休老会员的颐康组。理事会分配工作人员分管,每年拨出专款,作为颐康组经费。在工作人员的努力下,颐康组组织了适合年龄的康乐活动,如庆祝生日会、行松山饮早茶、中短程旅行等。

图6-64 为退休人员举行生日会

社会捐助周筱真医疗费事件,引致社会舆论对教师薪津待遇微薄的一致同情。社会热心人士何厚铧、冯志强等当年主动以不具名方式通过林志宏捐助颐康组活动经费,福利汽车公司、霍文彬会员也相继主动捐助退休教师活动经费。[1]

为惠及55岁以上未退休会员以及适应大量年轻新教师的特别需要,理事会组织老年教师工作委员会,以提高会务的适应性。胡顺谦先生赞同教育会关怀高龄教师的宗旨,捐助老年教师工作委员会经费。社会热心人士对退休教师雪中送炭,给予温暖和鼓励。教育会更努力开展更多适应不同年龄阶段会员的爱好和需要的活动,老委会为退休教师每年免费体检,多位长者及时验出癌症得以治愈。教育会又与永亨银行联合发行"澳门中华教育会VISA卡",收益全

---

[1] 毕漪汶:《第四十九届理事会会务报告》,《澳门教育》1992年第3期。

用于老教师福利。

图6-65　教育会与澳门永亨银行签约后双方负责人合影

顺应社会潮流,教育会同时组织青年教师工作委员会,既给予青年教师独立工作的锻炼机会,又专门组织适合青年教师的活动。

图6-66　青委会开展适应青年教师需要的活动

(5)增加出版《教育资讯》和《教学参考》两份月刊

教育会长期坚持出版会刊《澳门教育》,由于社会参与面不断开拓,团体会员和个人会员的增加,特别是不少讯息需要及时传送,从1989年底,出版部除刊发一年四期的会刊《澳门教育》之外,每月再出版《教育资讯》和《教学参考》两份影印数据选辑。前者每月及时提供政府教育政策、教育立法的咨询讯息,教育会的立场主张,教育界的共识和不同意见,社会舆论以及有关的教育大事。后者辑录每月海峡两岸、港、澳等地不同类型的、有教育教学参考价值的文章,由图书室管理员选摘及整编,办公室主任审定,影印出版。两份出版物有利于理事会与会员沟通,提高会员对会务的参与度,以更好地取得共识,推动会务。另一方面把教育会图书室所获优秀文章及时推广,有利于学者和师范生参考,出版后颇受欢迎。这两份刊物免费送理监事和团体会员,会员、会友订阅只收工本费,有订户迁往香港工作,仍继续订阅。此外,还有少量外地大学和会友长期订阅。《教学参考》出版至2007年底停刊;《教育资讯》则出版至2016年底停刊。[①]

(6)创立教育科学小组,首建教育理论队伍

从1985年开始,教育会会务和参与的社会事务越来越多,许多还涉及政府政策,以原来的理监事队伍和办公室职员的力量处理会务越来越感吃力,幸而由于华南师大培训课程和澳门大学教育学院相继开办,80年代后期,涌现一批新生力量。1989年2月教育会应客观需要,组织一群好学的教师参与与教育会有关的教育政策的研究,命名教育关注小组,组员针对教育的热点,关注政府教育政策的动向,搜集数据,整合数据,分析问题,进行集体讨论。还根据教育会的有关需要,承担课题研究,提出解决问题的方案。或由负责人起草文件,交小组进行集体讨论,进行增删修订,然后以小组名义公开发表。小组成员承担了不少工作。每两周举行一次会议,除组内讨论之外,还邀请教育会负责人或代表教育会参加咨询组织的人士参加。

小组成员对会务做出贡献的同时,又获得一个集体交流的平台,同时参与到为全行业争取权益的洪流中,共同成长。例如他们分别为《澳门教育》撰稿,整辑民情舆论,针对热点问题提出倡议,起草和反复讨论《小学免费教育之推行建议(草案)》。

教育关注小组是中华教育会教育科学理论研究小组的前身,也是教育会80年代末创建的一支理论队伍。到1990年初因人事变动曾一度停顿,恢复后命名为教育科学组。

---

[①] 毕漪汶:《第四十九届理事会会务报告》,《澳门教育》1992第3期,及教育会原图书室管理员杨健菊2018年7月14日口述。

## 4.参与教育立法和政策咨询,力争教育发展和师生权益

(1)教育立法实质是强制葡语必修

《澳门教育纲要法》可以说是澳葡政府第一份双语的教育大法,想不到澳葡乘立法之机,塞进基础教育葡语必修的内容。

1986年10月4日葡萄牙共和国颁布《教育制度纲要法》,第22条规定促进葡萄牙语言和文化在国外传播,使其列入别国的课程计划。这是葡国的政策,要在澳门私校执行。1988年之前在澳门主持文教政务的政务司司长高秉伦、教青司司长卢倬智和副司长施绮莲作风较务实,澳门教育界也普遍认为学生多学一门外语是件好事,在官民相互配合下,1986—1987年度全澳中学生12205人中,已有4515人志愿选修葡语,超三分之一了。由于师资参差不齐,效果差强人意,但这已是历史上推广葡语的最佳成效了。

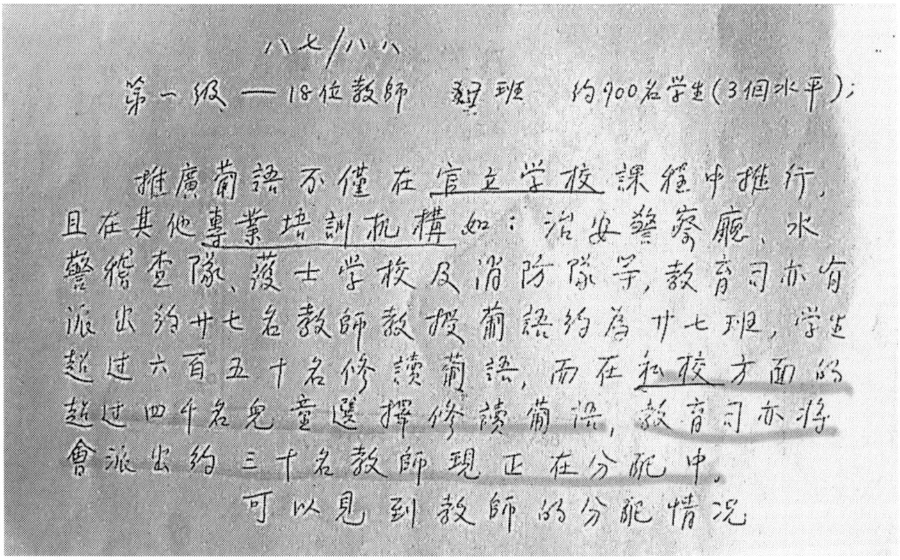

图6-67　澳门教育司派发的资料:在私校的合作下,4000多中学生(超全澳1/3)自愿选修葡语

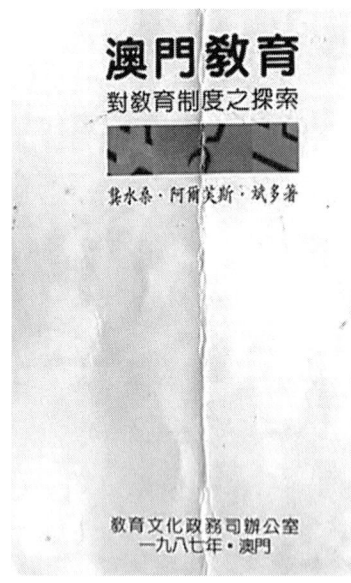

图6-68 葡国教育权威龚水桑·阿尔芙斯·斌多的著作

1986年10月,政务司司长高秉伦更邀请葡国里斯本政治学院筹备委员及高级院校教育科学顾问委员会主席龚水桑·阿尔芙斯·斌多教授专程来澳门,有针对性地研究澳门中葡教育一个月。分析这一超百年历史的中葡官校制度,结论与民间见解一致,认为中葡学制是失败的,长期存在师资流动率高、学生留级率高和弃学倾向,提出全澳不宜统一于这一个教学质量差的学制,而首要任务是检讨和改进中葡学制。如此真知灼见,澳门华人奉为圭臬,可惜澳葡行政部门却弃如敝屣,甚至反其道而行之。

(2)义务教育与葡语必修的微妙关系

葡萄牙政府在交回澳门治权之前,一方面有意改变在教育经费上官私校之间、中葡学生之间悬殊的状况,另一方面又图借此推行其既定政策:促进葡萄牙语言和文化在国外传播,使其列入别国的课程计划。

1988年初,范礼保接替了高秉伦,借华人要求实施全民的义务教育之机,直接抛出先要统一学制,以实施六年免费教育,中小学甚至幼儿园,均设置葡语必修的方案,以此直接征询中华教育会和天主教学校校长联会意见。两大教育团体属下的学生共占全澳中、小、幼学生90%以上,均熟悉澳门社情,不约而同,均只接受中学葡语选修。由于澳葡行政当局一意孤行,导致当年四位教育委员,即教育会代表毕漪汶校长、天主教学校校长联会代表孔智刚神父,以及天主教林家骏副主教和澳门大学校长林达光联合召集两会负责人于1988年3月15日下午3时在中华教育会举行联席会议。会上林副主教补充了新加坡教育多元的经验教训,林达光校长提供加拿大和世界教育的发展规律,引导成员深入研究政府政策,为保障澳门教育的健康发展,决定发表两会第一次联合声明,重申共同的立场,只赞同中学选修葡语,不赞同从幼儿园开始中、英、葡三语必修。

传媒以一石激起千层浪来形容该两会声明的社会轰动性,联合声明迅即取得社会的广泛支持,被传媒和社会人士反复引用。葡人申齐士在3月25日教育委员会议程前发言,公开指责教育会理事长毕漪汶,认为“政府补助私校不是为加强英语教学而削弱葡语教学”,并扣她“不符合《中葡联合声明》”的帽子,其腔调再掀动一场空前广泛、激烈、持续的官民大论争,参与的已不限教育界而遍及全社会。

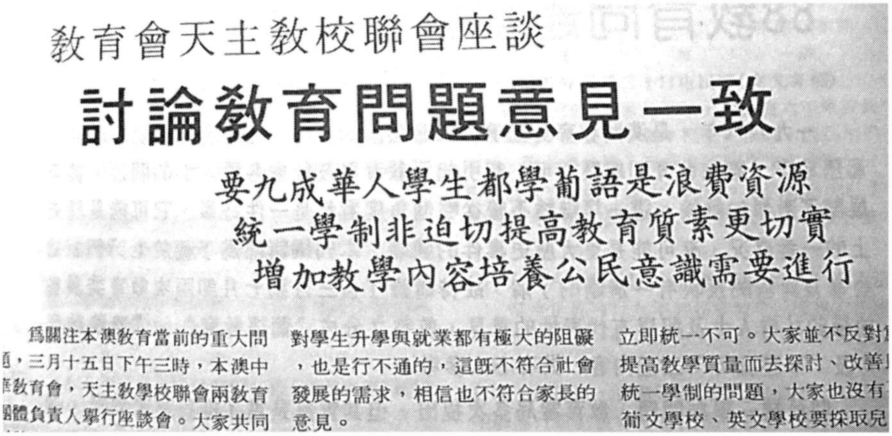

教育會天主教校聯會座談

討論教育問題意見一致

要九成華人學生都學葡語是浪費資源
統一學制非迫切提高教育質素更切實
增加教學内容培養公民意識需要進行

爲關注本澳教育當前的重大問題，三月十五日下午三時，本澳中華教育會，天主教學校聯會兩教育團體負責人舉行座談會。大家共同

對學生升學與就業都有極大的阻礙，也是行不通的，這既不符合社會發展的需求，相信也不符合家長的意見。

立即統一不可。大家並不反對提高教學質量而去探討、改善統一學制的問題，大家也沒有葡文學校、英文學校要採取

图6-69　澳门两会联合声明成为社会共识

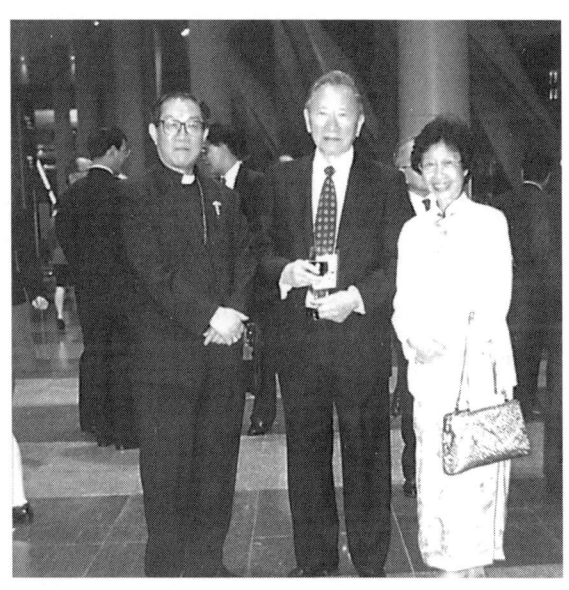

图6-70　林家骏主教、林达光校长与本书作者刘羡冰摄于庆祝香港回归酒会

在此之前,还有几个华人社团站到澳葡行政当局方面,甘当澳葡说客,已来澳工作多年的两名知识分子到新华社澳门分社向宗光耀副社长批评澳门教育界反对葡语必修,企图让新华社向教育会施压。此举反被宗社长批评,而且宗社长更明确表示,教育会维护澳门学生权益,是立了大功!

(3)教育改革新瓶装葡语必修的旧酒

1989年10月政务司司长范礼保指使下属罗成达改变手法,召开澳门教育改革研讨会,以教改为幡子,为葡语必修招魂。就在研讨会开幕礼当晚,全澳各大报社和大批社会名人,均通过传真机收到中华教育会代表、副理事长刘羡冰的论文,在论文之前加有人身攻击的咒骂语。《大众报》连咒骂语一起全文刊出。文章提出改革三大论点:一、适应实情提出行政改革要点;二、要求改变教育资源分配不合理现象,实施全面的义务教育以促进民族平等,社会和谐;三、要求教育决策民主化。该论文对比港澳两地近年政府教育经费支出,以及澳门官私校教育成本比较,官校学生人均公共教育资源为私校的三至五倍,提出政府过去不承担华人教育,近十年对华人私校的津贴补助虽连年提高,同时全澳教育费六年来增了五倍,但距离合理分配仍远。

当天早上商训夜中学校董会主席马万祺即约商训夜中学校长刘羡冰到他的办公室,马老说:"我从头到尾读过你的论文,写得好,完全没问题,为什么会被人辱骂?"

经一番解释后,马万祺先生对1985年官民合作和1988年以来的官民论争的了解更深刻,此后支持更着力了。这是该研讨会唯一提前公诸社会的论文,也引起了社会关注,故意传出该文者事与愿违。因为难得更多市民了解教育资源分配的真相,被咒骂的作者和教育会,因而获更广泛的同情与坚决支持。

(4)《澳门教育纲要法》开始咨询,官民争论持续

法律草案于1990年初开始向民间咨询,教育会积极参与,会内组织三级有效咨询制度:第一级,各校自行讨论文本,提出意见;第二级,教育会内分各校行政代表和教师代表两组分别交流;最后一级,由教育会理监事会议整理全部意见,形成教育会的共识。教育会先后提出不少具体意见,务求有利于澳门教育发展,维护市民权益,特别争取实施义务教育。

过程中政府数易其稿,始终以不同条文坚持从幼儿园起要在基础教育范围

课程设置中,把葡语列为必修科。政府在草拟、审议和通过的过程中,前后九次提出实施义务教育方案,忽而九年、十二年,忽而六年、七年,搞了许多小动作,目的始终为制造一份在中、小、幼必须教授葡语的法律。[①]

从1990年3月起,对《澳门教育纲要法》提出意见的除中华教育会、天主教学校校长联会、教育学会、澳门教育工作者协会、新澳门学社、澳门成人教育协会等社团外,过去与两大教育团体意见不同的教师联谊会、大专毕业人士、澳门协会也支持两会立场了。各界人士虽有不同意见,但没有一人赞同在中、小、幼必须教授葡文。其中不少有分量的佳作,援引了葡国宪法、国际公约,对比邻近地区的经验教训。这几年澳门教师被迫走出小课堂,走向群言浩瀚的大旋涡,教育会一群骨干更是上了十年社会大学课,拓展了视野,增长了知识,启迪了智能。

图6-71 崔世安、刘羡冰、唐志坚等公开表示不同意强推葡语

经长时间的议论,全澳文化教育界取得广泛共识,1991年初,全澳五个教育团体,联同澳门大学教育学院代表共6个有关教育的单位联合向立法会递交意

---

① 《教育问题透视》,《澳门教育》,1993年第3期。

见书,力陈葡语列入基础教育利少弊多,是不可行的。后来又有5位民选议员在立法会上联名动议要求政府接受教育界意见,要求将法律草案作重大修改,达致多数人能接受。①《澳门教育纲要法》在1991年8月29日通过并颁行,政府最终没能塞进葡语必修的条文。

图6-72　葡国总理、中国大使均公开表态

(5)得道多助,十载艰辛争得全面的免费教育

直至1995年7月26日澳门总督韦奇立颁布《普及和倾向免费教育》法令,宣布从1995—1996年度开始,把只限于葡人的免费教育普及到全体澳门居民(包括持临时逗留证者)。在小学预备班至小学六年级实行七年免费教育。删去强制或变相强制教授葡语的字句。教育界、文化界和社会舆论界均表示接受。政府为每名小学及小学预备班学生投入每年4800澳门元的教育费,因仍由家长缴交杂费,故称是倾向性的免费教育。(当年官校小学生均教育成本为7000澳门元,私校小学生均教育成本为1900澳门元。)

(6)持续争取21年才通过的教师法

《澳门教育纲要法》中第五十三条定明澳门还要制订《教师章程和职程》,即

---

① 刘羡冰:《世纪留痕——二十世纪澳门教育大事志(增订版)》,澳门出版协会,2010,第120页。

教师法。该法律一直拖延到回归后的2012年才实施,名为《非高等教育私立学校教学人员制度框架》(简称"私框")。

**5. 教育会代表自始至终参与学历认可委员会的工作**

政府为认可本澳政府任职人士所取得的外地学历,于1989年5月30日建立学历认可委员会,由政府教青司、公职司民间文教团体代表组成。

(1)在评定过程中确立准则和方法

这是一个新成立的委员会,无旧例可循。委员会初经充分讨论严格把关,以通过长期积压的公务员学历评级问题。教育会提出工作方针,以坚持维护公正、合理为原则,以严肃、认真和实事求是的态度,既坚持认真负责的原则立场,又以与人为善的态度,提供各种积极的方案,争取解决问题。

(2)对难以取证的大部分内地学历的处理

许多外地学历,我们建议支付适量工本费通过新华社澳门分社委托当地教育机构提供资料和文件,年代已久或无法出示证件而教育机构早已结束的个案,我们要求出示原校人证物证,如学历册、全体毕业照片、校长老师和同班同学签署的证明书等等足以证明的材料,进行分析鉴定。对确实无法提供任何证明的中低级公务员,我们建议定期开办符合小学和初中毕业水平的课程和公开的水平考试,给已入职的无学历,也即长期作为文盲的公务员一个获得合理薪级的机会。该委员会顺利地完成了大部分的认可工作,也摸索到适应学校多元、标准大同小异的规律,也有个别学校的个案是难以认可的,也通过表决把结论交政府处理。政府先后两位主持人均尊重小组决定,合作愉快。

**6. 争取教师工作量的合理,保证教学质量**

(1)教师工作量的加!加!加!

20世纪50年代,教师的上课节数一般约每周20节,大多再兼班主任或其他职务,已较海峡两岸同行为多。为解决薪金待遇一直偏低的问题,不少学校被迫采取为教师增加上课节数的办法,稍微提高待遇。70年代个别学校因应家长无暇照顾子女的情况,在放学后开设督课班,让专任教师监督学生留校完成家课,酌收督课费。当年有两校校长意识到这种提高教师待遇的方法,犹如"饮鸩止渴",坚决反对,但几年后,也被迫开设。全澳小幼大部分家长让子弟参加督课班,无形中各校推迟放学时间,学生和教师每周上课时间增加五小时。

随着社会的发展,学校在上课期间,为学生增加有益于身心的课外活动,其中相当部分也由专任教师分担;特别是社团开办的学校,一般还要求教师参与办校团体的大型活动,其中部分教师还承担少量会务。到80年代以后,澳门社团活动蓬勃,不少学校经常应邀参与,这些既对学生的成长有利,但也加重了教师的辅导和带队工作。政府部门又各按自己的工作需要和管理上的方便,加诸不少填写的报告和表格,使教师工作强度百上加斤。

(2)教师自杀个案引起了关注

八九十年代,香港和澳门两地出现多起教师因负荷过重、焦虑不安而自杀的事件,教师离开专业岗位的也有所增加,投考师范的人数也在减少。成因虽不尽相同,但工作压力大是最主要的因素。

中华教育会通过大量的调查研究,从数量的对比到质性的分析,加上专家的论述,一致认定澳门教师负荷过重,是不争的事实,是必须解决的问题。并提出澳门教育最大的问题是教师工作压力太大,应为澳门教师争取合理的工作条件。

1991年澳门颁行名为《澳门教育制度》的地方教育法,并宣布开始制订实质是教师法的《教师章程和职程》。中华教育会同人把为教师争取合理的工作条件寄托到这份教师章程和职程的出台上。教育会连同属下团体会员的教职员工,广泛参与争取立法保障自己的权益。后来称作"私框"的教师法直到2012年才诞生。

(3)连续多年努力谋求社会共识

1999年9月,刘羨冰在《中国教育》杂志与中华教育会合办的迎接澳门回归的研讨会上,首次提出澳门教师工作负担过重,影响教学质量的问题突显,她认为:澳门教师教学任务与非教学任务不少呈超负荷状态,具体指导学生、教育和接近学生不够,备课改卷时间、休息进修时间均不足,影响教育改革的积极性。自此,保障教育健康发展,维护学生权益,保证教师的合理工作条件,成为21世纪中华教育会迫切要解决的焦点问题。

至2014年,实现了专任教师中学16~18节、小学18~20节、幼儿园23节为满节的目标。至此,澳门教师的课务负担,逐步走向合理。

半个世纪、五个阶段,两代人的努力,逐步解决了教师工作时间和待遇的问题。每一阶段教育会的理事会都与团体会员深入商讨,众志成城,共同发动全体会员关注和参与。在逐步推动澳门发展中澳门教师也提升对教育专业的认知,虚心请教各地专家学者,争取自身的权益。澳门教师在教育岗位上服务的同时,争取自身应有的权益,逐步得到生活的改善,得到社会的肯定和尊重,也体会到"知识就是力量"的真谛。

**7. 打破常规,落实《基本法》进入高中课程**

1993年3月31日,中华人民共和国第八届全国人民代表大会第一次会议通过《澳门特别行政区基本法》。

了解、遵守《基本法》必先宣传和推广《基本法》,这是澳门人迫切而重大的任务,因此教育会大力推动本澳各校学习宣传;教育会个别负责人也应邀到一些社团去宣讲。教育会还于1994年3月邀请《基本法》草委、澳门日报社社长李成俊主讲其精神及重要意义;10月23日又组织理监事到香港参观吸取港人宣传基本法的经验。

当年,新华社澳门分社社长郭东坡认为把《基本法》纳入高中课程最有实效,澳门各界同胞均表赞同,把任务交中华教育会具体承担。由于法律课程一般是在高等教育中设置的,教育会必须打破常规,创造条件,使大学课程中学化。在全澳同胞的信任和支持下,教育会承担了编写、出版《基本法》教材的重大任务。

(1)组织一个全澳性的编辑委员会

名誉顾问:郭东坡、马万祺、柯正平、何鸿燊、宗光耀、崔德祺、何厚铧、唐星樵、林家骏、彭彼德、李成俊;顾问:杜岚、唐志坚、康显扬、孔智刚、区金蓉、尹君乐、李瑞莹、张翰霖、司徒蕙鎏。

主编:刘羡冰;副主编:杨允中、赵国强。文字审订:尹玉标、冼为铿、程祥徽。委员:岑铭本、张耀辉、黄绮华、高展鸿、薛国超、郑洪光、谢英。

(2)法律专业与教学经验结合,实现大学课程中学化

鉴于一般中学均无法律课程的设置,中学教师队伍缺乏法律专业人才。编

辑中学法律教材是一个难度较大的、开创性的工作。1994年5月在一无前例、二无教材、三无师资的条件下,中华教育会承担编辑出版澳门特别行政区基本法中学课本和配套的教师用书,以及培训师资的任务。教材主笔是《澳门特别行政区基本法》草委会秘书处的法律专家赵国强博士,编委中资深的道德与公民教育教师给予协助,写出浅显、生动、图文并茂的课文,以求适应高中学生。另一方面又在赵博士的指导下,资深教师负责编写《基本法》教材教师用书,指出课文的重点、难点,提供辅助材料为担课教师服务。

(3) 培训师资,保证课程的顺利实施

与此同时,编委会又和教青司成人教育中心合办两期三班《澳门特别行政区基本法》研修班,赵博士把课本新稿作教材,与学员深入研究,同时吸取一线教师的意见,采取一边写、一边教、一边改的方法培训了134名教师和行政人员,作为澳门第一批熟悉《基本法》的,能胜任宣传和教授《基本法》高中课程的人才。[①]经17个月的努力,终于克服重重困难,基本法中学课本和配套的教师用书于1995年底举行隆重的发行仪式。获大多数团体会员学校采用,多次重印供各校课堂教学使用。

1998年3月为纪念《基本法》颁布五周年,中华教育会常务理事会决议,向各校提出四点呼吁,希各校进一步加强对《基本法》的推广教育,落实向高中生系统传授《基本法》的基本内容和准确理解其精神的目标。

图6-73　回归前培训了134名《基本法》高中课程的教师。

---

[①]《澳门教育》庆祝澳门回归祖国特刊,1999年第4期。

通过各校行政的配合,当年即推动了本澳15所中学开设《基本法》课程,到1999—2000回归年度,全澳中文中学24所中,有19所已使用这套《基本法》课本。同时还提供其他中小学教师、社团作宣传讲解《基本法》的主要参考,本澳书店也有零售。

为配合宣传推广《基本法》,教育会还做了系列工作。邀请法律专家赵国强博士,濠江中学资深教师郑洪光、朱锦凤举办讲座。1999年5月15日组织濠江、培正、劳校、教业、培道、培华等校教师交流教学《基本法》的经验。话剧组朱杏儿老师还创作了活剧,用通俗易懂的方法演出,普及《基本法》的主要内容。话剧组成员还应邀参加澳门电视广播节目演出。①

### 8.抓住机会,师生"学历史、爱中华"

1990年,教育会与广州中山大学联合举办"林则徐与鸦片战争史迹展"。参观者踊跃,并举行讲座。由副理事长刘羡冰主持,邀请中山大学陈锡祺教授、陈胜麟教授,《澳门日报》副总编辑陈树荣演讲,气氛热烈。

1991年为隆重纪念辛亥革命八十周年,教育会与中山大学、广东省立中山图书馆、广东省博物馆联合举办"辛亥革命八十周年史迹展"。观众两万。不少学校组织集体参观,对学生进行教育。并举办专题讲座,邀请中山大学陈锡祺教授、林家友教授,《澳门日报》副总编辑陈树荣演讲,澳门日报社社长李成俊因公未能出席,亦送来书面发言。现场座无虚席。

1994年为隆重纪念民族英雄邓世昌殉国一百周年,邀请邓世昌后人邓敏扬、邓红霞父女到澳讲述英雄事迹。

### 9.一如既往,培育中华一家思想感情

捐献"希望工程——百万爱心行动",关心失学儿童。1992年教育会响应中国青少年发展基金会的号召,发动澳门各校生、家长为"希望工程——百万爱心行动"捐款,关心失学儿童,支持祖国教育事业。教育会理事长毕漪汶带头资助百名学生,教育会于两个月内筹得善款(第一批)达198922万元,涌现大量好人好事,表现出澳门同胞热爱祖国,关爱下一代的热诚。该善款8月由

---

① 黄枫桦:《第五十三届理事会会务报告》,《澳门教育》2000年第2期。

负责人亲送到北京。

图6-74 教育会为希望工程筹得善款198922万元,由负责人亲送到北京

1994年发动赈济华南水灾活动,在暑假期间,也筹得善款473300元。

向广东贫困地区清新县桃源镇捐建星拱澳门小学。1997年4月号召各校师生为广东贫困地区清新县(现清远市清新区)桃源镇捐建星拱澳门小学。共得248000多元,又征得黄营均基金拨出80000元,合328000元澳门币。再经澳门学生联合总会和内地人士捐资,该校新址终于于1997年4月建成。

图6-75 澳门中华教育会捐建广东省清新县(现清远市清新区)桃源镇星拱澳门小学开学礼

1998年春节期间澳门师生积极捐款,赈济河北地震灾区。共筹得善款5544371元,港币300元。

图6-76　向国内水灾同胞伸出援手。黄枫桦理事长把善款支票转托新华社澳门分社宗光耀副社长

1998年8月,教育会号召各校师生继承爱国爱民的传统精神,向国内遭受水灾的同胞伸出援手。在新学年开始十天内,筹得善款澳门币645069.8元和港币50元。

图6-77　广东省封开县人民政府向教育会致送锦旗

图6-78　黄枫桦理事长代表本澳师生把赈济台湾地震灾区捐款送红十字会代转

### 10.声讨北约袭击中国驻南斯拉夫联盟大使馆暴行

1999年以美国为首的北约军事集团,悍然袭击中国驻南斯拉夫联盟大使馆,教育会除派副理事长李沛霖在全澳各界集会中声讨北约暴行之外,还号召各校师生发扬"家事、国事、天下事,事事关心"的传统精神。

### 11.与各地教育同人建立联系,进行交流特别是学术交流

（1）两岸及港澳基础教育研讨会的开始

1992年12月8日至11日,中华教育会应香港教师会邀请共同发起举办第一届两岸及港澳基础教育研讨会。研讨的主题为"我们的下一代"。第二届在台北举行,第三届在上海,第四届轮到澳门主办。

中华教育会联同天主教学校校长联会、澳门大学教育学院共同筹划第四届两岸及港澳地区基础教育研讨会。1997年10月25日,各地教育工作者相聚澳门小城,参加的澳门教师有八百多人,占全澳教师的约三分之一。限于名额,澳门团坚持机会全澳共享的原则,每年公开征集论文,聘请外地专家评审,以公平、公开、公正原则选出代表,联同三方代表组成澳门代表团。该研讨会延续至今。

第六章　大事记(新中国成立—澳门回归)

图6-79　1992年第一届两岸及港澳地区基础教育研讨会,全体代表聚于香港

图6-80　1997年第四届研讨会在澳门举行开幕礼

179

图6-81　在第四届交流会闭幕式上团长代表交换礼物：左起上海叶澜、台湾温镇泉、澳门刘羡冰和香港谭锦铭

(2)因应港澳回归，一年一度"华夏园丁大联欢"在澳举办

1993年由中国教育国际交流协会、香港教育工作者联会和澳门中华教育会联合举办的"华夏园丁大联欢"在深圳举行。1998年在澳门举行。此项活动每年均征求热心人士赞助，获主办城市妥善安排，增进了三地教育同人的交流和友谊。此项活动一直延续，在不同城市举行，获各校教师欢迎。

图6-82　华夏园丁大联欢在圣保禄广场石级(俗称大三巴牌坊)拍摄全体大合照

华夏园丁迎'99大联欢(澳门)于1998年12月26—29日在澳回归前夕举行。30日和31日在珠海、中山继续活动。26日下午6时半在万豪轩酒家举行开幕礼。由中国教育国际交流协会名誉会长黄辛白致开幕辞、澳门中华教育会理事长黄枫桦致欢迎辞。中国教育国际交流协会会长柳斌代表教育部部长陈至立宣读贺信。27日上午赴圣保禄广场(俗称大三巴牌坊)拍摄"全家福"。随即在圣保禄中学礼堂举行"学校教育、家庭教育、社会教育三者关系之探讨"研讨大会。专题发言有：中国教育部巡视员金学方《迎接新世纪的中国基础教育》；香港梁兆棠校长《学校教育在社会和家庭所扮演的角色》，澳门刘羡冰校长《同心同德同向同步——学校、家庭、社会教育一体化》，汕头代表陈俊才《学校教育、家庭教育、社会教育三者关系的探讨》。600人认真聆听，踊跃提问。后分组讨论，与会者热烈发言交流经验。

各地成员在会议前后访问了澳门的名胜古迹、各类型学校。

(3)《澳门教育》编辑委员会回访北京

1995年中华教育会邀请北京《人民教育》杂志同人来澳交流。《澳门教育》编辑委员会应邀回访，进行为期三天的学术交流，获益不浅。

图6-83　1996年《澳门教育》编辑委员会应北京《人民教育》邀请回访
《人民教育》总编辑刘堂江(左八)与领队刘羡冰(左七)及团员合照于天安门广场

(4)澳门代表团应邀参加香港回归各大庆典

中华人民共和国于1997年7月1日在香港恢复行使主权。教育会相关人员作为澳门代表应邀参加香港回归各大庆典。

澳门中华教育会史

图6-84 1997年6月31日至7月1日凌晨澳门代表出席香港回归系列庆典
左三起吴福、唐坚谋、李成俊、刘羡冰、罗柏心、陆昌、高开贤、梁雪予、贺定一

图6-85 1997年7月1日香港回归盛况,摄于香港特区政府成立仪式会场

(5)与澳门各界同胞一起,办好回归工作

除教育会筹委会代表刘羡冰兼任庆委会副主任外,教育会多位骨干被委以重任。例如教育会当届理事长黄枫桦亦成为庆委会主席团成员,秘书长李沛霖

被委任为庆委会秘书长,副理事长林显富被委任为文体汇演部部长,另一位副理事长伍华佳任巡游部委员。此外,理事和骨干分子毕漪汶、钱明、林志宏、郭瑞萍、吴秀萍、郭敬文等经验丰富的教育工作者参加了900人的庆委会各部工作。朱杏儿、岑美娟等承担游艺演出工作;众多的学校组队参加工作和表演,数以万计的师生热烈主动参与各项庆回归工作。

(6)邀请世界著名物理学家赵忠贤院士来访

1998年2月12日教育会第二次邀请赵忠贤院士来澳为中学生演讲。这次特别与政府教青司联合举办,面向全社会。演讲内容包括21世纪新科技的发展、中国科学家"科教兴国"的奋斗精神。

图6-86　1998年2月12日教育会与政府教青司联合邀请物理学家赵忠贤院士来澳演讲,澳门学生大受鼓舞,踊跃提问

(7)合办、协办、参与丰富多彩的青少年儿童活动

有感于回归是薄海同欢的热潮,在已极为繁重的工作之上,大家仍欣然接受内地和本澳友好单位提出的1999年合办和协办的活动,为澳门师生增添欢庆回归的体验和学习机会。

6月26—27日应邀组织师生赴佛山参加以"澳门回归"为主题的大型文艺演出"粤港澳首届少儿艺术花会";

9月18日与河北省政协、河北省教委、澳门归侨总会合办"澳门回归话统一"中学生作文比赛;

9月18日与保安部队事务司合办"就消防队设施及交通部兵营绘画赛";

9月28日至10月1日应邀选送濠江中学吴斐斐、杨冬儿和菜农学校卓婉婷赴京参加"中华古诗文经典诵读文化交流活动";

10月19日与世界宣明会澳门分会联合主办一年一度的"全澳青少年漫画故事创作活动";

10月24日本澳教育界与北京《人民教育》编辑部、《广东教育》杂志社及中山市教委假中山市富华酒店联合举行"迎澳门回归,话教育改革"座谈会;

10月24日应邀组织教师参加"迎回归,携手走进新世纪"珠港澳妇女万人行;

11月1日应邀联合举办"迎澳门回归,献百面国旗,绘千米长卷,奉万颗童心"大联欢活动;

11月20日应邀派代表赴京参加"首都各界妇女迎接澳门回归庆祝活动";

12月4日应邀参加"'99爱我中华少儿中国书画大赛"选出澳门区得奖作品。

图6-87　全国"'99爱我中华少儿中国书画大赛"澳门区颁奖礼

### 12.全情投入澳门回归祖国大事

(1)数以万计的澳门师生投入庆委会组织的活动

全国人大澳门特别行政区筹备委员会于1998年5月5日在北京成立,为配

第六章 大事记（新中国成立—澳门回归）

合筹委会工作，澳门中华教育会即成立"澳门特区筹备工作关注小组"，广泛搜集教育界意见，传达筹委会精神，以利上下沟通，配合做好澳门特区成立的筹备工作，特别是广泛发动和组织师生参与庆委会工作。1999年12月20日，除举行交接仪式外，澳门各界还组织了多彩多姿的庆祝活动。

图6-88　庆委会成立，委员与新华社澳门分社副社长宗光耀（左九）合照留念

图6-89　部分教育界推选特首委员合照
左起：李沛霖、李祥立、关笑红、区天香、区金蓉、刘羡冰、唐志坚、崔世安、梁庆庭

图6-90　南湾湖亮灯饰——四川自贡灯会展出

(2)教育界大联合,发扬爱国团结好传统

中华教育会除组织系列庆祝活动之外,还联同天主教学校校长联会和澳门大学联合发起号召,呼吁全澳教育工作者一起迎接和欢庆回归,组成"澳门教育界庆祝澳门回归祖国活动委员会",于1999年5月3日假圣保禄中学礼堂举行,并通过三项主要活动规划。

图6-91　澳门教育界庆祝澳门回归祖国活动委员会成立

第六章 大事记(新中国成立—澳门回归)

1999年11月14日假圣保禄中学礼堂举行"澳门回归祖国后教育发展路向"学术研讨会。学术部部长陈既诒发表专题演说。收到二十篇论文由评审委员选出李向玉、黄竹君、谢英、区锦新、黄文辉、梁文慧、崔宝峰、李宝田、彭德群和刘羡冰等10人在会上宣读。该批论文受社会重视,结集出版。其后澳门基金会出版《澳门2000》,选中教育论文四篇,本研讨会论文占了三篇,分别为:刘羡冰《〈基本法〉决定全民教育的路向》,李向玉《试论澳门回归后澳门高等教育的发展路向》,梁文慧《21世纪成人教育在澳门高等教育发展中实践方向》。[①]

12月24日晚假万豪轩酒家举行联欢餐会,创下澳门教育界新纪录。主任委员黄枫桦在致辞时兴奋指出:我们要以当家作主精神,携手并肩,迈步向前,迎接新纪元,开创新华夏时代,为新澳门编写新篇章!副主任委员、天主教学校校长联会会长梁炽才在祝酒时深情指出:中国国土之内,再没有一个由外国人管治的地方,确实是一件历史的盛事,值得我们全体中国人民称庆鼓舞。他祝愿祖国国运昌隆、民生康泰,祝愿特区政府工作顺利,建成一个不断进步,人人安居乐业的都会,祝愿澳门教育界以更大的责任感,为"澳人治澳"、高度自治的伟大构想培育人才。特区首届行政长官何厚铧应邀在会上勉励澳门教育界。[②]

12月31日晚9时半假圣若瑟教区中学第六校体育馆举行庆祝晚会,副主任委员、澳门大学校长姚伟彬在致辞中指出:澳门特别行政区的成立,为澳门点燃了新的希望,全澳呈现一片繁荣景象,象征着澳门重投祖国怀抱后将迈向光辉的里程。他深信澳门培养出的人才必定能在社会上担当重任。晚会节目丰富多彩,主要由各校师生担纲,晚会至零时举行隆重倒计时仪式,1800名教育工作者在彩炮声、掌声、欢呼声中合唱一曲《七子之歌》。

三项活动均受教育工作者欢迎,几乎全澳的学校教师都有出席。

(3)教育会迎庆活动丰富多彩

从1998年12月开始至2000年1月,教育会先后组织师生参加迎庆回归祖国活动几十项,参众总达24475人次。

1998年12月20日举行庆祝回归倒数一周年教师环山赛跑;

1999年3月28日派代表参加"共携手庆回归"妇女恳谈会;

---

① 黄枫桦:《第五十三届理事会会务报告》,《澳门教育》2000年第2期。
②《澳门教育》庆祝澳门回归祖国特刊,1999年第4期。

1999年5月16日举行"'99爱我中华少儿中国书画大赛"澳门区赛；
1999年5月16日举行澳门历史一日游；
1999年5月25日参加广州四地高龄教师"祝国庆迎回归"联欢会；
1999年6月10日举办回归专题讲座；

图6-92　邀请澳门日报社社长李成俊参与迎回归专题讲座

1999年6月11日举办"千秋中华魂"大型诗书画展览；
1999年7月18日举行澳门地理半日游；
1999年7月18日举办青年教师迎回归座谈会；
1999年10月3日举办"迎回归同乐日"；
1999年10月24日派代表参加珠海迎澳门回归万人行；
1999年10月27日举行"祝国庆迎回归"书画长卷展览会；
1999年11月1日举行"京华学子贺回归"文艺晚会；
1999年11月2日举行"京澳少年迎回归"联欢会；
1999年12月10日回归倒数十天,举行《澳门掌故》新书首发仪式；
1999年12月19日教育会、妇联、学联合办"万众欢腾迎回归"文艺晚会。

第六章　大事记(新中国成立—澳门回归)

图6-93　文教部前部长王文达的遗作能顺利出版，港澳学者均认为是中华教育会极具意义的回归献礼

12月20日回归日当天8000师生爱国情绪高涨，冒着严寒参加迎接解放军进城的队伍。他们在锣鼓声中、在狮龙翻腾跳跃中，数千青春笑脸挥舞国旗、彩旗，挥洒热泪高呼口号。解放军部队大为动容，在被采访时说，他们感受到英雄凯旋式的欢迎，终生难忘！

图6-94　正午时分万人空巷热烈欢迎驻澳部队进城

12月20日中午,庆委会举办路线长达1999米,各界同胞5000人自愿参加的"迈向美好明天"大巡游。

图6-95 "迈向美好明天"大巡游队伍整装待发

图6-96 "迈向美好明天"大巡游五彩缤纷的小朋友的彩车来了!

12月22日在运动场举行二万人参与的大型表演《濠江欢歌》,由教育会副理事长、菜农学校校长林显富统筹,担任该项演出的副总指挥。参加表演的澳门各校学生有八千多,全澳学界精英云集,全澳学校广泛参与。

第六章　大事记（新中国成立—澳门回归）

图6-97　《濠江欢歌》千人腰鼓表演学生站成"1999"四个数字

图6-98　《濠江欢歌·澳门明天更美好》

图6-99 《濠江欢歌·民族大团结!》

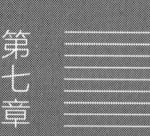

# 结 语

第七章

## 一、定位——中华教育会不是澳门第一个教育团体

教育会是一个普通名词,凡有共同教育兴趣、目标或理念者都可组织教育会。在澳门近代历史上,比中华教育会早成立的,已有1899年陈子褒组织的教育蒙学会。1914年郭构任校长的澳门英文学校就是一群华人成立的树学会所办的。[①]

蒙学会和树学会都属教育社团,因此中华教育会不是近代史上澳门第一个教育团体,但它是澳门历史上延续时间最长久的、实力较强的华人教育会。

## 二、1949年中华教育会的易帜主因是人心向背

在葡人的管治下,中华教育会和澳门绝大多数华人社团都有鲜明的国族立场,以维护华人的爱国团结为首要任务。1949年11月中华教育会的会员大会,多份日报详尽报道,评价大会进程十分严肃、民主、开放,会上号召全澳学校悬挂五星红旗的临时动议获一致通过,以及部分新人当选是一人一票无记名投票选出的。证明党派争夺是误传误导,人心向背才是主因。历史证明人心是社团的生命线。

---

① 刘羡冰:《世纪留痕——二十世纪澳门教育大事志(增订版)》,澳门出版协会,2010,第69页。

## 三、成功经验和失败教训

### (一)几点成功的经验

#### 1.坚持爱国立场、坚持群办群享原则和领导层敢于担当的精神

中华教育会八十年历程,离不开客观环境和主流文化的影响,但领导层的作用也十分重要,各个时期主要负责人,刘雅觉、梁彦明、陈道根、谭立明与毕漪汶至今也经得起历史的评价,而且能始终坚持爱国立场,带领理监事团队忠于会章,站稳爱国立场,为澳门教育事业,为会员的权益做出贡献,在教育岗位上忠于教育,以身作则。

教育会的主要经验就是：凡一校单独无力解决的、有关学校生存发展、教育教学以及教师或学生重大影响的事情,教育会能组织群众,全力以赴。教育会全体理监事一直坚持义务工作,出钱出力出工余时间,其中部分团体会员代表也获学校支持，必要时用学校办公时间处理会务。理事会基本能集思广益,发挥集体智能,进行集体领导,敢于担当的精神和善于推进的策略也是成功的要素。

#### 2.信息充分提供是谋求共识的保证

几千年的封建专制与一百多年的殖民管治,使得澳门人的民主意识薄弱。教育界争取合法合理的权益,也必先取得绝大多数人的共识；在知识界谋求共识,又必通过民主、开放、充分的说理方式和过程,发挥同心同德,群威群胆的精神,凝聚力量。充分的信息提供是谋求共识的保证。因此领导层虚心学习,不耻下问,先行整理和引进外地先进经验。

#### 3.团结面越大越好,包括争取澳葡政府的开明官员或曾一度反对的同行

教育界的实力来自知识,更来自团结,两者同样重要。中华教育会与天主教学校的关系经历了几番离合,曾一致抗日,后因意识形态关系而对立,至二十世纪七十年代末,从教育会主动联系及真诚请教林家骏副主教开始,在政府各咨询组织中,与天主教学校校长联会代表及天主教学校校长精诚合作,在教育

事业的共同利益基础上结成同盟,并在反对葡萄牙强推葡语的过程中,共同维护师生权益!能一心为公,还能争取曾一度站在对立面的社团。在回归事务上,争取与澳葡政府的开明官员合作,培训公务员学习中葡双语、中葡不同法制和政制,对顺利回归和特区政府的运作都起了积极作用。

在回归庆祝活动中,许多工作由教育会直接承担,但经验告诉我们,处事必须公正合理,还要尊重和关怀合作者。例如教育界联合活动中,基本能做到共同商议、分别主持、人人出力。在《濠江欢歌》的高潮"妈妈,我要回来!回来!"的演员选择上,纯为方便工作,应全部用教育会话剧组成员。但部长林显富和笔者均以教育会一贯的原则处理。饰演者的挑选必须为各方均能接受。选角结果,四位主演来自三个单位,体现了公开公平。

### (二)为人师表必须经得起社会道德的高要求

#### 1.遗留失败教训

作为教育工作者个人也好,社团也好,损人利己,无异于自毁声誉,自毁教育者言教之"武功"!在会史上遗留的失败教训虽有大环境和主流文化的影响,但也有人性自私和部分华人好内斗的原因。全面抗战期间迁来的校长为争得侨委会师生救济金而凭人事关系排斥异己,争夺中国教育会澳门分会的代表资格。国难当头,这是教育界的羞耻。

#### 2."文革"期间,以革命包装损人利己行为,伤害团结

在"文革"期间,教育会亦难免盲目跟风,但个别人夹杂私心,企图以批斗而夺权牟利,对校内团结,学校间和社团间的团结都造成伤害,破坏了优良传统。中央明确"文革"的性质之后,大多数事后也能反省,但形成的恶劣影响不但有碍教育界团结合作,爱国学校学生人数也有所减少。接受经验教训,师生均应增强理性,克服盲目跟风的陋习,必须培养独立思考能力。

### (三)规章制度的建设,实力增必需权力制衡

1987年和1994年教育会两次加强规章制度的建设,是基于会务发展的切

实需要，也为未来做出规范。又由于教育会派代表参与国家的、当地政府的咨询组织和社会事务越来越多，由副秘书长吴秀萍提出，必须明确代表的权限和职责；冼为铿和刘羡冰更研究最高负责人任期制的合理性和世界潮流，亦建议教育会理事长任期限连任一届共四年，打破当年本澳大多数社团负责人仍然终身制的老传统。这些建议均得到一致通过。因而笔者成为会史任期最短的理事长（两届四年）。更由于教育会已拥有一定的有形资产和无形资产，理事会为健全制度，还制定了完善的财政、行政制度和会议的民主程序。这些具建设性的措施，得会员大会通过，取得广泛的认同。

执笔至此，澳门回归已二十年，六十万人口的小城，社团过万了，回顾中华教育会的历史，与有荣焉，也感慨万千！

## 四、八十年历程的终转站——回归后的新起点

澳门中华教育会由几位热心校长发起，组成一个爱国团结、维护教育界权益的教育团体。经八十年三代人的努力，发展成为拥有团体会员30多校、个人会员2690人（1998年统计）的大社团。在一个教育多元化的社会中，会员已占全澳教育工作者的68%，所有华人学校都有教育会会员，既拥有实力，又拥有会产，能支撑年开支四百多万，是全澳实力最雄厚的教育团体。前辈曾忠告，珍惜和保障软硬实力，这成为新的任务。

由于天主教是葡萄牙的国教，在政教合一的制度下，过去天主教神职人员是由政府支付月薪的，天主教学校等同政府的教育机构，所以天主教学校一直是澳门教育的重镇。历史悠久的天主教学校设备因而比华人私人或社团办的学校有较多优越性。葡萄牙1910年反封建民主革命和1974反独裁专制革命后，政教合一完全打破，但天主教学校学生人数仍占多数，特别是高中学生，天主教学校占绝对优势，五六十年代高中毕业的澳门教师几乎都是接受天主教学校教育的。天主教学校这一优势，一直维持到八十年代后期。中华教育会和爱国学校从1979年开始持续二十年，在深刻反省"文革"期间的负面影响的基础上，恢复优良传统，做了大量维护和争取教师权益的工作、促进全澳教育的发展，有力地提高了全澳教师的专业水平、专业资历和专业待遇，并在教育立法、

教育规划、争取教育公平、实施十年免费教育等方面均广泛发动群众,与天主教学校校长联会结成"最佳拍档"获得社会的赞同、信任和支持。会员大幅度增加,实力得以增强,更乘回归的东风,于是在2001年创出中华教育会会员学校首次超过天主教学校的纪录。

表7-1 1999—2000年度全澳学生、教师人数统计(教育局数字)

| 学校分类 | | 学生数 | 占全澳比率 | 班级数 | 平均每班人数 | 教师数 | 师生比 |
|---|---|---|---|---|---|---|---|
| 官立中葡学校 | | 6213 | 6.27% | 231 | 26.9 | 269 | 1:23.1 |
| 私立学校 | 葡文学校 | 1066 | 1.08% | 49 | 21.76 | 74 | 1:14.4 |
| | 中、英文学校 | 91683 | 92.64% | 2055 | 44.62 | 3403 | 1:26.9 |
| | 私校合计 | 92749 | 93.72% | 2104 | 44.08 | 3477 | 1:26.7 |
| 全澳合计 | | 98964 | 100% | 2335 | 432.38 | 3846 | 1:25.7 |

表7-2 2001年学校类别、学校数、学生占全澳比例、教师占全澳比例

| | 学校数量 | 学生占比 | 教师占比 |
|---|---|---|---|
| 中华教育会会员 | 31 | 47.45% | 41.68% |
| 天主教学校 | 28 | 42.01% | 42.34% |
| 公立学校 | 12 | 5.93% | 9.30% |
| 其他 | 7 | 4.62% | 6.68% |

表7-3 中华教育会会员学校学生总数

| 中学生总人数 | 20254 | 占全澳比例 | 49.26% |
|---|---|---|---|
| 小学生总人数 | 21160 | 占全澳比例 | 48.24% |
| 幼儿园总人数 | 5834 | 占全澳比例 | 39.96% |

以上数字当然不能说成是中华教育会八十年努力的成果,但它与全澳华人的长期努力分不开,这也是回归后的新起点。

## 五、本文写作几点说明

### (一)交代澳门历史的必要性

历史是必须经过时间的沉淀和检验的,尽管定稿于2020年,但内容限于1999年底决。仅有个别事件延续到回归后,是为了完整交代。历史的读者有当代人,但更多是未来人,首先是本地人,也要兼顾外地人。由于澳门的特殊性较多,必须先交代地方实况,甚至个别章节还要介绍葡国历史大事和中葡之间的大小事。

### (二)百年会史幸遇一朝

澳门中华教育会,经历三四代教育工作者前赴后继,前三十年的第一手文字记录已荡然无存。幸能通过报刊和前人口述整理出概要。笔者于1952年在澳门开始从事教育,随即成为中华教育会会员,1953年开始为《澳门新教育》撰写体育活动通讯稿,继而参加会刊编委会工作,到1972年参加理事会工作。有幸获得众多前辈的耳提面命,长达半个世纪的工作实践锻炼与社会广泛的参与和交流,幸遇无数良师益友。

最有幸的是见证港澳两地回归。笔者生于祖国被帝国主义欺凌践踏的年代,逢中华儿女奋发图强之时,自己还能参与澳门回归历程并献出微力,实有幸哉!我已把1997年至2000年参与港澳两地回归有关档案文件、资料和照片全部捐赠澳门回归博物馆,并以八十三至八十六高龄写下这些文字,为复原澳门中华教育会历史面貌尽个人微责。

# 参考文献

谢后和、邓开颂:《澳门沧桑500年》,广东教育出版社,2014。

郑振伟:《1940年代的澳门教育》,中国社会科学出版社,2016。

邱捷:《孙中山领导的革命运动与清末民初的广东》,广东人民出版社,1996。

费成康:《澳门四百年》,上海人民出版社,1988。

黄启臣:《澳门通史》,广东教育出版社,1999。

吴志良、汤开建、金国平:《澳门编年史 第四卷》,广东人民出版社,2009。

吴志良、汤开建、金国平:《澳门编年史 第五卷》,广东人民出版社,2009。

陈大白:《天明斋文集》,澳门历史学会,1995。

谭志强:《澳门主权问题始末》,永业出版社,1994。

唐德刚:《民国史抗战篇:烽火八年》,远流出版社,2014。

黄文宽:《澳门史钩沉》,星光出版社,1987。

施白蒂:《澳门编年史(二十世纪1900—1949)》,金国平译,澳门基金会,1999。

冼为铿:《谈文字 说古今》,澳门出版协会,2009。

刘羡冰:《毋忘战祸——抗日胜利七十周年散记》,澳门理工学院,2017。

刘羡冰:《澳门教育史》,人民教育出版社,1999。

刘羡冰:《学史鉴史》,澳门出版协会,2005。

刘羡冰:《世纪留痕——二十世纪澳门教育大事志(增订版)》,澳门出版协会,2010。

刘羡冰:《双语精英与文化交流》,澳门基金会,1995。

刘羡冰:《鉴古知今再思考》,澳门理工学院,2014。

《澳门新教育》

《澳门教育》
《蜜蜂报》
《香港华字日报》
《世界日报》
《华侨报》
《大众报》
《市民日报》
《精华报》
《新园地》
《澳门日报》

## 后记

澳门中华教育会史的写作,是应储朝晖教授邀请,成为"中国现代教育社团史"丛书之一册展现澳门教育社团的风貌。

我首次写会史,是为《教育大辞典》写澳门有关词条开始的,半个多世纪以来不少由我执笔的以中华教育会名义发表的文字,现今成了历史,成为这次写作的部分原始素材。因此我能够在极繁忙的2017至2019两年间完成这部著作。虽请少数资深理事或具体事件参与者过目,但不足之处也在所难免,望后来者充实丰富之。

我这回结集付梓,是我的第十六本专著。容与前十五本偶有重叠,有不少交集,说明会务占据我半个世纪生涯相当的位置。书中照片图表和部分会议记录,得教育会提供应用,在此表示感谢!

我生逢其时,曾得到谭立明、黄煜棠、李瑞仪等前辈的耳提面命;与回归前三十年间的历届理监事同人和部委们,同心同德、同甘共苦,在荟萃才智、克服险阻、通力合作中共同成长;特别是回归过渡期十三年,在以郭东坡社长为首的国家驻澳班子诚恳的指导和有力的协助下,提升了教育会工作的含金量,为顺利回归、为培育爱国爱澳力量做出教育界集体的奉献。今天坚实的成果已呈现眼前,对他们的风范倍添崇敬与怀念。

拙作能顺利出版,感谢储朝晖教授的编辑和指导,感谢尹清强编辑和西南师范大学出版社列位专业与认真的工作。我从中学了不少东西,是一次愉快的合作。老伴冼为铿作为我所有的专著的顾问,这是他问得最多的一本。助人为乐,虔诚祝愿他健康快乐!

刘羡冰

写于2020年9月28日

刘羡冰在港澳两地回归有关档案文件、照片捐赠仪式上讲话

## 丛书跋

2012年完成自己主编的2012年度国家出版基金资助项目"20世纪中国教育家画传"后,就策划启动新的研究项目,于是决定为曾在中国教育现代化过程中发挥巨大作用而又少有人知的教育社团写史,并在2013年3月拿出第一个包含8本书的编撰方案。当初怎么也没想到这一工作一再积累后延,几乎占用了我8年的主要时间,列入写作的社团一个个增加,参加写作的专家团队、支持者和志愿者不断扩大,最终汇成30本书和由50多位专家组成的团队,并在西南大学出版社鼎力支持下如愿以偿地获得2019年度国家出版基金资助。

1895年中日甲午海战中国战败后,中国社会受到强烈震动,有识之士勇敢地站出来组建各种教育社团,发展现代教育。1895年到1949年,在中国传统教育向现代教育转化、嬗变的过程中,产生了数以百计的教育社团。中华教育改进社等众多的民间教育社团在中国教育现代化进程中都曾发挥过重要的、甚至是无可替代的作用,到处留下了这些社团组织的深深印记,它们有的至今还在发挥着潜移默化的作用,它们是中国教育智库的先声。

但随着时间的推移,知道这段历史的人越来越少。教育社团组织与中国教育早期现代化既是一个有丰富内涵的历史课题,更是一个极具现实意义的实践课题。挑选"中国现代教育社团史"这一极为重大的选题,联合国内这一领域有专深研究的专家进行研究,系统编撰教育社团史,既是为了更好地存史,也是为了有效地资政,为当今及此后教育专业社团的建立、发展和教育改进与发展提供借鉴,为教育智库发展提供独具价值的参考,为解决当下中国教育管理问题提供借鉴,从而间接促进当下教育质量的提升和《中国教育现代化2035》目标的实现。简言之,为中国现代教育社团修史是一项十分有意义的工作。

在存史方面,抢救并如实地为这些社团写史显得十分必要、紧迫。依据修史的惯例,经过70多年的沉淀,人们已能依据事实较为客观地看待一些观点,为这些教育社团修史,恰逢其时;依据信息随时间衰减的规律,当下还有极少数人对70多年前的那段历史有较充分的知晓,错过这个时期,则知道的人越来越少,能准确保留的信息也会越来越少,为这些社团治史时不我待。因此,本套丛书担当着关键时段、恰当时机、以专业方式进行存史的重要责任。

在资政方面,为中国现代教育社团修史是一项十分有现实意义的工作。中国教育改革除了依靠政府,更需要更多的专业教育社团发展起来,建立良性的教育评价和管理体系,并在社会中发挥更大的作用。社团是一个社会中多种活力的凝结和显示,一个保存了多样性社团的社会才是组织性良好的社会,才是活力充足的社会。当时的各个教育社团定位于各自不同的职能,如专业咨询、管理、评价等,在社会和教育变革中以协同、博弈等方式发挥出巨大的作用。它们的建立和发展,既受到中国现代新式教育发展的制约,又影响了中国现代新式教育发展的进程。研究它们无疑会加深我们对那个时期中国新式教育发展过程中各种得失的宏观认识,有助于从宏观层面认识整个新式教育的得失,进而促进教育质量和品质的提升。现今的教育社团发展不是在一张白纸上画画,1900年后在中国产生的各种教育社团是它们的先声。为中国现代教育社团修史将会为当下及未来各个社团的建立发展和教育智库建设提供真实可信而又准确细致的历史镜鉴。

做好这项研究需要有独特的史识和对教育发展与改革实践的深刻洞察,本丛书充分运用主编及团队三十余年来从事历史、实地调查与教育改革实践研究的专业积累。在启动本研究之前,丛书主编就从事与教育社团相关的研究,又曾做过一定范围的资料查找,征集国内各地教育史专业工作者意见,依据当时各社团的重要性和历史影响,以及历史资料的可获取性,采用既选好合适的主题,又选好有较长时期专业研究的作者的"双选"程序,以保障研究的总体质量,使这套丛书不仅分量厚重,质量优秀,还有自己的特色。

# 丛书跋

本丛书的"现代"主要指社团具有的现代性,这样的界定与中国教育现代化进程相吻合。以历史和教育双重视角,对中华教育改进社等具有现代性的30余个教育社团的历史资料进行系统的查找、梳理和分析。对各社团发展的整体形态做全面的描述,在细节基础上构建完整面貌,对其中有歧义的观点依据史实客观论述,尽可能显示当时全国教育社团发展的原貌和全貌,也尽可能为当下教育社团与教育智库的建立和发展提供有益的历史镜鉴。

为此,我们明确了这套丛书的以下撰写要求:

全套丛书明确史是公器,是资料性著述的定位,严格遵循史的写作规范,以史料为依据,遵守求真、客观、公正、无偏见的原则,处理编撰中的各类问题。

力求实现四种境界:信,所写的内容是真实可靠的,保证资料来源的多样性;简,表述的方式是简明的,抓住关键和本质特征经过由博返约的多次反复,宁可少一字,不要多一字;实,记述的内容是有实际意义和价值的,主要体现为内容和文风两个方面,要求多写事实,少发议论,少写口号,少做判断,少用不恰当的形容词,让事实本身表达观点;雅,尽可能体现出艺术品位和教育特性,表现为所体现的精神、风骨之雅,也表现为结构的独具匠心,表达手法的多样和谐、图文并茂。

对内容选取的基本标准和具体要求如下:

(1)对社团的理念做准确、完整的表述,社团理念在其存续期有变化的要准确写出变化的节点,要通过史料说明该社团的活动是如何在其理念引导下开展的。

(2)完整地写出社团的产生、存续、发展过程,完整地陈述社团的组织结构、活动规模、活动方式、社会影响,准确完整地体现社团成员在社团中的作用、教育思想、教育实践,尽可能做到"横不缺项,纵不断线"。

(3)以史料为依据,实事求是,还原历史,避免主观。客观评价所写社团对社会和教育的贡献,不有意拔高,也不压低同时期其他教育社团。关键性的评价及所有叙述要有多方面的史料支撑,用词尽可能准确无歧义。

(4)凸显各单册所写社团的独特性,注意铺垫该社团所在时代的社会与教育背景,避免出现违背历史事实的表述。

(5)根据隔代修史的原则,只记述中华人民共和国成立之前的历史。对后期延续,以大事记、附录的方式处理,不急于做结论式的历史判定。

(6)各书之间不越界,例如江苏教育会与全国教育会联合会之间,江苏教育会与中华教育改进社之间,详略避让,避免重复。

写法要求为:立意写史,但又不写成干巴、抽象、概念化的历史,而是在掌握大量资料的基础上,全面、深刻理解所写社团的历史细节和深度,写出人物的个性和业绩,写出事件的情节和奥秘,尽可能写出有血有肉、有精气神的历史,增强可读性。写法上具体要求如下:

(1)在全面了解所写社团基础上,按照史的体例,设计好篇目、取舍资料、安排内容、确定写法。在整体准确把握的基础上,直叙历史,不写成专题或论文,语言平和,逻辑清晰。

(2)把社团史写得有教育性。主要通过记叙社团发展过程中的人和事展示其具有的教育功能;通过社团具有的专业性对现实的教育实践发生正向影响,力求在不影响科学性、准确性的前提下尽量写得通俗。

(3)能够收集到的各社团的活动图片尽可能都收集起来,用好可用的图,以文带图,图文互补,疏密均匀。图片尽可能用原始的、清晰的,图片说明文字(图题)应尽量简短;如遇特殊情况,例如在正文中未能充分展开的重要事件,可在图题下加叙述性文字做进一步介绍,作为一个独立的知识点。

(4)关键的史实、引文必须加注出处。

据统计,清末至民国时期教育社团或具有教育属性的社团有一百多个,但很多社团因活动时间不长、影响不大,或因资料不足等,难以写成一本史书。本丛书对曾建立的教育社团进行比较全面的梳理,从中精心选择一批存续时间长、影响显著、组织相对健全、在某一专业领域或某一地区具有代表性、典型性的教育社团进行深入研究,在此基础上做出尽可能符合当时历史原貌和全貌的整体设计,整体上能够充分完整地呈现所在时代教育社团的整体性和多样性特征,依据在中国教育现代化进程中所发挥的作用大小选择确定总体和各部分的研究内容,依据史实客观论述,准确保留历史信息。本丛书的基本框架为一项总体研究和若干项社团历史个案研究。以总体研究统领各个案研究,为个案研究确定原则、方法、背景和思路;个案研究为总体研究提供史实和论证依据,各个案研究要有全面性、系统性、真实性、准确性、权威性、实用性,尽量写出历史的原貌和全貌,以及其背后盘根错节的关系。

入选丛书的选题几经增减,最终完稿的共30册:

《中国现代教育社团发展史论》《中华教育改进社史》《中华平民教育促进会史》《生活教育社史》《中华职业教育社史》《江苏教育会史》《全国教育会联合会史》《中国教育学会史》《无锡教育会史》《中国社会教育社史》《中国民生教育学会史》《中国教育电影协会史》《中国科学社史》《通俗教育研究会史》《国家教育协会史》《中华图书馆协会史》《少年中国学会史》《中华儿童教育社史》《新安旅行团史》《留美中国学生联合会史》《中华学艺社史》《道德学社史》《中华教育文化基金会史》《中华基督教教育会史》《华法教育会史》《中华自然科学社史》《寰球中国学生会史》《华美协进社史》《中国数学会史》《澳门中华教育会史》。

本丛书力求还原并留存中国各现代教育社团的历史原貌和全貌,对当时各教育社团的发展历程、重要事件、关键人物进行系统考察,厘清各社团真实的运作情况,从而解决各社团历史上一些有争议的问题,为教育学和历史学相关领域的发展提供一定的帮助,拓展出新的领域,从而传承、传播教育先驱的精神,为当今教育改革和发展提供历史借鉴和智慧资源,为今后教育智库的发展提供有中国实践基础的历史参考,在拓展教育发展的历史文化空间上发挥其他著述不可替代的作用。在写作过程中严格遵守史的写作规范,以史料为依据,遵守求真、客观、公正、无偏见的原则,处理编撰中的各类问题。

这是一项填补学术空白的研究。这个研究领域在过去70多年仅有零星个别社团的研究,在史学研究领域对社团的研究较多,但对教育社团的研究严重不足;长期以来,在教育史研究领域没有对教育社团系统的研究;对民国教育的研究多集中于一些教育人物、制度,对曾发挥不可替代作用的教育社团的研究长期处于不被重视状态。因此,中国没有教育社团史的系列图书出版,只有与新安旅行团、中华职业教育社相关的专著,其他教育社团则无专门图书出版,只是在个别教育人物的传记等文献中出现某个教育社团的部分史实,浮光掠影,难以窥其全貌。但是教育社团对当时教育的发展发挥了倡导、引领、组织、管理、评价等多重功能,确实影响深远,系统研究中国现代教育社团是此前学术界所未有过的。该研究可以为洞察民国教育提供新的视角,在今后一段时期内具有标志性意义,发挥其他著述不可替代的作用。

这是一项高难度的创新研究。它需要从70多年历史沉淀中钩沉,需要在教育学和史学领域跨越,在教育历史与现实中穿梭,难度系数很高、角度比较独特,20多年前就有人因其难度高攻而未克。研究过程中我们将比较厚实的历史积累和对当下教育问题比较深入的洞见相结合,以史为据,以长期未能引起足够重视的教育社团为研究对象,梳理出每个社团的产生、发展、作用、地位。

这是一项促进教育品质提升的研究。中国当下众多教育问题都与管理和评价体制相关。因此,我们决定研究中国现代教育社团史,对中国教育现代化进程中发挥过重要作用的诸多教育社团的历史进行抢救性记述、研究,对中国教育体系形成的脉络进行详尽的梳理,记录百年中国教育现代化进程中教育社团所起的重大作用,体现教育现代化过程中的"中国智慧",为构建中国教育科学话语体系铺垫史料、理论基础,探明1898到1949年间教育社团在中国教育现代化发展中的作用,为改善中国教育提供组织性资源。

这是一项未能引起足够重视的公益性研究。本研究旨在还原并留存各教育社团的历史原貌和全貌,传承、传播教育先驱的精神,为当今教育改革和发展提供历史借鉴和智慧资源,拓展教育发展的历史文化空间,需要比较厚实的历史积累和对当下教育问题比较深入的洞见。本研究长期处于不被重视状态,但是其对教育的发展确实影响深远,需要研究的参与者具有对历史和现实的使命感。

这个研究项目在设计、论证和实施过程中得到业内专家的大力支持、高度关注和评价。中国教育学会教育史分会原会长田正平先生热心为丛书写了推荐信,又拨冗写了总序,认为:"说到底,这是当代中国教育改革的需要和呼唤。教育是中华民族振兴的根基和依托,改革和发展中国教育,让中国教育努力赶上世界先进水平,既是中央政府和地方各级政府义不容辞的职责,也必须依靠广大教育工作者的自觉参与和担当。从这个意义上讲,中国近代教育会社团体与中国教育早期现代化研究,既是一个有丰富内涵的历史课题,更是一个极具现实意义的重大问题。"中国现代教育社团史的课题,"从近代以来数十上百个教育社团中精心选择一批有代表性、典型性、产生过重大影响的教育社团,列为专题,分头进行了深入的研究。我相信,读者诸君在阅读这些成果后所收获的不仅仅是对教育社团的深入理解和崇高敬意,也可能从中引发出一些关于当代中国教育改革的更深层次的思考"。

北京师范大学教育学部原部长、清华大学教育学院院长石中英教授在推荐中道:"对那些历史上有重要影响的教育社团进行研究,既具有非常重要的学术价值,也具有非常强烈的现实意义。""当前,我国改革开放正在逐步地深入和扩大,激发社会组织活力,在整个社会治理体系建设中具有重要作用。现代教育治理体系的建设,也迫切需要发挥专业的教育社团的积极作用。在这个大背景下,依据可靠的历史资料,回溯和评价历史上著名教育社团的产生、发展、组织方式和活动方式等,具有现实意义和社会价值。""总的来说,这个项目设计视角独特,基础良好,具有较高的学术价值、实践价值和出版价值。"

1990年代,中央教育科学研究所张兰馨等多位前辈学者就意识到这一选题的重要性,曾试图做这一研究并组织编撰工作,终因撰写团队难以组建、资料难以查找搜集等各种条件限制而未完成。当我们拜访80多岁的张兰馨先生时,他很高兴地拿出了当年复印收藏的一些资料,还答应将当年他请周谷城先生题写的书名给我们使用,既显示这一研究实现了学者们近30年未竟的愿望,也使这套书更具历史文化内涵。

西南大学出版社是全国百佳图书出版单位、国家一级出版社、全国先进出版单位,承担了多项国家重大文化出版工程项目、国家出版基金资助项目、重庆市出版专项资金资助项目,具有丰富的国家、省市重点项目出版与管理经验。该社出版的多项国家级项目受到各级主管部门、学界、业内的一致好评。另外,西南大学的学术优势为本书的出版提供了学术支撑。

本项目30余位作者奉献太多。他们分别来自中国人民大学、北京师范大学、华东师范大学、中山大学、首都师范大学、浙江师范大学等多所高校和研究机构,他们长期从事相关领域的研究,具有极强的学术责任感,具备了较好的专业基础,研究成果丰硕,有丰富的写作经验。在没有启动经费的情况下,他们以社会效益为主,把这项研究既当成一项工作任务,又当成一项对精湛技术、高雅艺术和完美人生的追求,以高度的历史使命感和现实的使命感投入研究,确保研究过程和成果具有较高的严谨性。他们旨在记录中国教育现代化过程中教育社团所起的重大作用,体现教育现代化过程中的"中国智慧",写出理论观点正确、资料翔实准确、体例完备、文风朴实、语言流畅,具有资料性、科学性、思想性,经得起历史检验的,有灵魂、有生命、能传神的现代教育社团史。

这套丛书邀约的审读委员主要为该领域的专家,他们大多在主题确定环节就参与讨论,提供资料线索,审读环节严格把关,有效提高了丛书的品质。

本人为负起丛书主编职责,采用选题与作者"双选"机制确定了撰写社团和作者,实行严格的丛书主编定稿制,每本书都经过作者拟提纲—主编提修改意见—确定提纲—作者提交初稿—主编审阅,提出修改意见—作者修改—定稿的过程,有些书稿从初稿到定稿经过了七到八次的修改,这些措施有效地保障了这套丛书的编撰质量。尽管做了这些努力,仍难免有错,敬希各位不吝赐正。

十分感谢国家出版基金资助。本丛书有重大的出版价值,投入也巨大,但市场相对狭窄。前期在项目论证、项目启动、资料收集、组织编写书稿中投入了大量的人力、物力。多位教育专家和史学专家经过八年的努力,收集了大量的资料,研究的深度和广度都大大超出此前这一领域的研究。各位作者收集了大量的历史资料,走访了全国各大图书馆、资料室,完成了约一千万字、数百幅图片的巨著。前期的资料收集、研讨成本甚高,而使用该书的主要为教育研究者、教育社团和教育行政人员。即便丛书主编与作者是国内教育学、教育史学领域的权威专家,即便丛书经过精心整理、撰写而成,出版后全国各地图书馆、研究院所会有一定的购买,有一定的经济效益,但因发行总数量有限,很难通过少量

# 丛书跋

的销售收入实现对大量经费投入的弥补,国家出版基金资助是保障该套丛书顺利出版的关键。

教育在实现中华民族伟大复兴中发挥着不可替代的作用。完整、准确、精细地回顾过去方能高瞻远瞩而又脚踏实地地展望未来,将优秀传统充分挖掘展现、利用方能有效创造未来,开创教育发展新时代。在中国教育现代化进程中众多现代教育社团是促进者。中国人坚定的自信是建立在5000多年文明传承基础上的文化自信。中国现代教育社团的发起者心怀中华,在中华民族处于危亡之际奔走呼号,立足弘扬中华优秀文化传统提倡革新。本丛书深层次反映了当时中国仁人志士组织起来,试图以教育救国的真实面貌,其中涉及几乎全部的教育界知名人物,对当年历史的还原有利于挖掘中华优秀传统文化的强大生命力和在民族危亡关头的强大凝聚力,弘扬中华优秀传统文化,为构建中华优秀传统文化传承发展体系添砖加瓦。研究这段历史,对于推动中华优秀传统文化创造性转化、创新性发展,对于促进教育智库建设,发展中国教育事业,发挥教育在促进中华民族伟大复兴中的作用具有重要意义。

愿我们所有人为此的努力在中国教育现代化进程中生根、发芽、开花、结果。